Illustriert von Nora Marleen

Charles Connell

Die Liebe wächst im Garten

Nutzbringende Handreichungen für aphrodisierendes Beeten

Bärmeier & Nikel

Übersetzung aus dem Englischen von Harald Jung
mit Illustrationen von Nora Marleen

Dieses Buch wurde 1965 geschrieben. Klassische Geschlechterrollen, Litfaßsäulen und die längst in den Pressehimmel entschwundene Testzeitschrift »DM« bilden seine Patina und sind wie aus der Zeit gefallen. Auch der Rezeptvorschlag für Froschschenkel ist heute selbstverständlich nicht mehr zeitgemäß.

Ihnen als unserer geneigten Leserschaft jedoch Details vom Original vorzuenthalten, würde Sie in unseren Augen bevormunden.

Der Verlag Bärmeier und Nikel lebte immer von kritischen Leserinnen und Lesern mit einer eigenen Haltung und wird dies hoffentlich auch weiterhin tun.

Erste Auflage im Oktober 2023

Erstmals in deutscher Übersetzung erschienen im
Verlag Bärmeier & Nikel, Frankfurt am Main 1969

Bearbeitung und Lektorat: Patricia Holland-Moritz, Berlin
Illustrationen: Nora Marleen, Berlin
Umschlag- und Innengestaltung: Till Kaposty-Bliss, Berlin

Druck und Bindung: Pustet, Regensburg

ISBN: 978-3-9821705-3-4

Mehr von Bärmeier & Nikel: www.b-und-n.net

Aussaat

KAPITEL EINS

Komm in den Garten, Sabine!

Komm in den Garten, Sabine!

Kein Angehöriger des männlichen Geschlechts wird leugnen wollen, daß der Mann im allgemeinen stark, gutmütig, freigiebig, enthaltsam, geschickt, rücksichtsvoll, aufrichtig und voll der edelsten Grundsätze ist. Seine Treue ist unbezweifelbar; seine Liebe für das fair play sprichwörtlich. Auch wenn man ihn in die Ecke getrieben hat, verliert er nie den Kopf. In einer ihm fremden Umgebung entwickelt er eine seltene Anpassungsfähigkeit. Trotzdem ist der homo sapiens mit allen diesen guten Eigenschaften unzufrieden. Zwar gibt es an der Fassade nichts auszusetzen, aber er kann doch die bösen Ahnungen, die ihn regelmäßig heimsuchen, nicht unterdrücken.

Die Saat der Unsicherheit ist in der Jugend gelegt worden, geht in den besten Mannesjahren auf und erreicht ihre vollste Blüte im zwielichtigen Übergang von den mittleren Jahren zum Greisenalter.

Mag er auch lachen, lustig tun oder Gleichgültigkeit vortäuschen, wie er will, seine geheime Furcht kann er nur für kurze Zeit überspielen. Denn ein Attribut seiner Person bereitet ihm immer wieder Kopfzerbrechen: seine Männlichkeit ...

Im Verlauf der Weltgeschichte sind die Männer der verschiedensten Völker über ihr sexuelles Vermögen niemals ganz glücklich gewesen. Schriftliche Aufzeichnungen beweisen deutlich, dass sie ihre Fähigkeit, in der Liebeskunst Außerordentliches zu leisten, stets angezweifelt haben. Denn wenn sie entweder sich selbst oder ihren Partnerinnen Genüge getan hätten, so hätten sie es nicht nötig gehabt, in künstlichen Reizmitteln ihre Zuflucht zu suchen, und kein Mann hätte für Aphrodisiaka Verwendung gehabt. Aphrodisiaka sind zweifellos zur Steigerung des geschlechtlichen Verlangens verwendet worden, seit der erste Mann versuchte, die sexuellen Wünsche der ersten Frau zu erfüllen. Als Eva Adam einen Apfel reichte, mögen ihre Motive von denen, die ihr in der Heiligen Schrift zugeschrieben werden, sehr verschieden gewesen sein. Die Chaldäer ergötzten sich an den Lebern junger Knaben nicht nur, um ihren animalischen Hunger zu stillen. Griechische und römische Schriftsteller berufen sich häufig auf die aphrodisischen Eigenschaften gewisser Nahrungsmittel und Getränke. Wenden wir uns der mittelalterlichen englischen Literatur zu, so finden wir, daß Geoffrey Chaucers »Die Geschichte der Frau von Bath«[1], wie sie selbst zugibt, der belebenden Wirkung eines starken Weines auf die Spur gekommen war. Wenn Shakespeare schreibt, daß die Seemannsfrau *»Kastanien in ihrem Schoß«*[2] habe, bezieht er sich möglicherweise etwas geheimnisvoll auf ein altes englisches Liebesrezept, das sich aus in Muskatellerwein eingeweichten Kastanien sowie Pistaziennüssen, Zimt, Satyrion[3], Pinienkernen, Kubeben[4], Senfkohl und Zucker, womit sie gekocht wurden, zusammensetzte.

Der Drang des Mannes, seine sexuellen Fähigkeiten zu steigern, hat sich bis heute nicht vermindert. Anzeigen in Tageszeitungen und Illustrierten, Plakate an Litfaßsäulen, Werbesendungen in Rundfunk und Fernsehen richten sich an alle diejenigen, welche um ihre physischen Kräfte fürchten. In einigen Fällen werden die aphrodisischen Eigenschaften des Erzeugnisses deutlich hervorgehoben, während in anderen allgemeinere Ausdrücke verwendet werden. Eine Sorte Pillen wird wegen ihres wirksamen Einflusses auf das eigentliche Werkzeug der Liebe empfohlen, eine andere hebt man in den Himmel, weil sie angeblich den ganzen Mann verjüngt. Wie immer der Anzeigentext formuliert sein mag, wendet sich der Hersteller in erster Linie an solche Käufer, die den Verdacht hegen, daß sie nicht so männlich sind, wie sie sein sollten.

Jeder, der verstohlen einen Blick auf die Schaufensterauslagen der zahlreichen medizinischen Fachgeschäfte, Apotheken und Drogerien geworfen hat, wird festgestellt haben, daß wir vor allem dieser Art der Werbung beständig unterworfen sind. Tausende von Pillen und andere Drogen werden dort angepriesen, und jede von ihnen ist laut Schachtelaufschrift darauf berechnet, einen schüchternen Einmal-die-Woche-Muffel in einen begeisterten Zweimal-die-Nacht-Helden zu verwandeln. Natürlich können es sich nur wenige Männer leisten, den solchermaßen versprochenen Reichtum sexuellen Vergnügens zu ignorieren. Selbstverständlich will jeder neue Spannkraft, jugendliche Stärke, Energie im Überfluß und ungewöhnliche Kondition erwerben. Auch sind es nicht nur die über Vierzigjährigen, die gestärkt zu werden wünschen. Nach den Aussagen der Männer, die diese wunderwirkenden Tabletten verkaufen, sind die unter Dreißigjährigen ihre besten Kunden.

Urteile über die Wirksamkeit der Pillen variieren beträchtlich. Einige Männer glauben, festgestellt zu haben, daß sie in dem bestimmten Fall tatsächlich helfen, während andere zugaben, daß sie genausogut Lakritze hätten schlucken können. Während Thomas auf Amoroide schwört, zieht Richard Rigoroide vor und ist Heinz ist mit Sexuloiden[5] zufrieden. Auf jeden Fall können keine wirklich fundierten Schlüsse gezogen werden, ehe nicht weiterreichende Forschungen auf diesem Gebiet möglich sind.

Deshalb wollen auch nur wenige Männer zugeben, daß sie jemals eines sexuellen Reizmittels bedurften, wie die folgenden Erhebungen und Zahlen bestätigen:

✿ Schachteln mit Penduloiden[6], die am 9. März in Hamburg verkauft wurden:	1.000.000
✿ Zahl der interviewten Männer:	1.000
✿ Es verwenden sie nie:	980
✿ Es halten sie für wirksam:	5
✿ Es halten sie für wirkungslos:	5
✿ Unentschieden:	10

Außerdem ist bemerkenswert, daß von den 980 Männern, die erklärten, daß sie nie Penduloiden gebraucht hätten, nur 50 wissen wollten, was ein Penduloid sei.

Nachdem ihnen gesagt worden war, welche Wirkung die Pillen angeblich haben, notierten sich 48 den Namen und entfernten sich eilends in Richtung St. Pauli. Die anderen 930 hatten mitfühlendes Verständnis für den Interviewer und rieten ihm, Clavatoiden[7] auszuprobieren.

Nun, es ist klar, daß jedes dieser Präparate bis zu einem gewissen Grad sowohl ein Heilmittel bei Potenzstörungen sein als auch den Mann in die Lage versetzen soll, sich seiner Sache während der Schlafzimmer-Scharmützel rühmlicher zu entledigen, und nicht nur sich selbst, sondern auch die Dame, die er erfreut, zu befriedigen. Auch wenn sie nicht als solche angepriesen werden, sind sie alle Aphrodisiaka. Wie seine empfindlichen Vorfahren, leidet auch der Mann des 20. Jahrhunderts unter einer mittelmäßigen und dürftigen Liebespraxis, und deshalb ist er darauf erpicht, sein Ansehen in den Augen seiner verehrten Geliebten zu steigern. Die Schachteln mit den Kraftpillen sollen ihn gegen Scham und Enttäuschung versichern. Es bleibt sich gleich, ob sie deutlich als Aphrodisiaka bezeichnet oder übertrieben Assurgensoiden[8] genannt werden. Sie haben den Zweck, anzuregen, aufzuregen, zu provozieren, die Funken der Begierde zu einer Flamme werden zu lassen. Sie sollen den Sex erfreulicher machen.

An dieser Stelle könnte sich eine Diskussion über Sex als nützlich erweisen. Sie könnte sogar amüsant sein, aber da sie den Rahmen unserer Aufgabe sprengen würde, müssen wir uns auf drei Bemerkungen zu diesem Thema beschränken:

- Zuerst einmal sind wir ganz entschieden der Ansicht, daß Sex eine schöne Sache ist.
- Zweitens sollte man an ihm festhalten.
- Drittens ist alles von ganzem Herzen zu befürworten, was seine Popularität steigern und ihn noch angenehmer machen kann.

Ein Wort der Warnung für die Unbedachten ist hier jedoch angebracht. Aphrodisiaka einer bestimmten Sorte können sehr gefährlich sein, ja, einige können sogar zu Wahnsinn und Tod führen. Sie sollten deshalb weder auf Treu und Glauben noch so häufig genommen werden, daß man nach ihnen süchtig wird. Unbekannte Aphrodisiaka sollten wie die Pest gemieden werden, und selbst bekannten Mitteln wie Spanischen Fliegen[9] und nux vomica[10] sollte man sich nur mit Vorsicht nähern. Sie mögen zwar erregen und anregen, aber der physische Schaden, den sie anrichten können, ist unberechenbar.

Obgleich es eine Tatsache ist, daß gewisse Rauschgifte deutlich eine aphrodisische Wirkung hervorrufen, sollte man sich daran erinnern, daß die meisten davon giftig sind und nur unter ärztlicher Aufsicht genommen werden sollten. Wer seine Potenz steigern will, sollte sich nach etwas anderem umsehen.

Was die Pillen, Tabletten und Pastillen betrifft, so mögen sie schon einen Sinn haben, selbst wenn sie nicht mehr bewirken, als die Mannestugend unerfahrener Jugend und übersättigten Alters anzufachen, aber ihr Nachteil liegt darin, daß man sie gewohnheitsmäßig einnimmt. Der Mann, der sich eine Zwölfer-Packung kauft, wird nicht eine Pille nehmen und die restlichen wegwerfen. Sehr viel wahrscheinlicher ist es, daß er, nachdem er sich davon überzeugt hat, daß die Energoiden[11] tatsächlich eine Wendung zum Guten herbeiführen, vor jedem Geschlechtsverkehr hoffnungsvoll eine in den Mund steckt. Kurz gesagt, er wird süchtig werden, der Sklave eines erregenden vorsexuellen Lutsch-Rituals, das letzten Endes verhängnisvolle Konsequenzen haben muß. Unweigerlich wird die Zeit kommen, in der er ohne die Pille zu schmachvoller Impotenz verurteilt ist.

Glücklicherweise ist es für diejenigen, die ernsthaft an Aphrodisiaka interessiert sind, nicht nötig, sich entweder Rauschgiften oder Pillen zuzuwenden. Es ist doch überhaupt nicht nötig, Gesundheit und gesunden Menschenverstand aufs Spiel zu setzen oder süchtig zu werden. Die Aphrodisiaka, die in diesem Buch empfohlen werden, sind unschädlich, wohltuend und nahrhaft. Sie haben sich im Laufe der Zeit bewährt, denn Männer aller Völker haben sie seit Tausenden von Jahren ohne nachteilige Folgen genommen. Wir haben sie alle ausprobiert, und sie haben sich als durchaus nützlich erwiesen. Wir haben sie nie als Aphrodisiaka bezeichnet. Bei einigen von ihnen wird mancher überrascht sein, wenn er erfährt, daß sie aphrodisische Eigenschaften haben. Es gibt Hunderte davon, alle leicht zugänglich, und sie sind obendrein kostenlos zu haben. Jeder kann sich das ganze Jahr hindurch im Überfluß selbst versorgen.

Daß zwischen Verdauung und sexueller Betätigung ein enger Zusammenhang besteht, kann nicht geleugnet werden. Wir behaupten, daß Männlichkeit, ein hervorstechendes Merkmal der menschlichen Rasse, gefördert, erhalten und sogar wiedergewonnen werden kann, sofern man sich auf Essen besonderer Speisen und Getränke beschränkt, die das Liebesverlangen zu erhöhen und die Vollziehung des Geschlechtsaktes zu erleichtern vermögen. Ein kritischer Überblick über historische und literarische Hinweise auf Gerichte, die gleichsam als Vorspiele zur amour besonders zubereitet wurden, führt zu dem Ergebnis, daß die wesentlichen Zutaten Obst, Blumen, Kräuter und verschiedene Gemüsesorten sind und daß das Vitamin E einen lebensnotwendigen Einfluß auf das Sexualverhalten ausübt. Ein Blick auf einige der Gartenerzeugnisse, die besonders gepriesen werden, wird diese Ansicht nur bestätigen.

Die Ägypter zum Beispiel haben bereits mehr als fünfhundert Jahre vor Christi Geburt das Radieschen als nützlich für den Geschlechtsverkehr gerühmt. Etwas später lobt Euripides den Saft der Weintraube, obwohl seine Landsleute, damals wie auch heute, ihre Hymnen für die Zwiebel aufsparen. Auch die Römer müssen erfolgreich mit Zwiebeln experimentiert haben, denn sie werden von Ovid in seinen »Remedia Amoris«[12] empfohlen, und Martial[13] sagt in einem seiner Epigramme:

»Wenn deine Frau alt und dein Glied erschlafft ist, iß Zwiebeln in Mengen.«

Zusammen mit Columella[14] haben diese beiden Schriftsteller auch ein gutes Wort für Kresse als Anregungsmittel eingelegt. Ein Zeitgenosse Martials, Plinius der Ältere, tritt für die aphrodisischen Qualitäten der Runkelrübe und des Kuhweizens ein, die beide verbürgtermaßen Leidenschaft entfachen sollen. Der gleiche Autor steht für die Wirksamkeit des Flohkrauts bei der Sicherung von Stammhaltern ein. Interessierten Paaren wird geraten, vierzig Tage lang zu fasten und dreimal täglich Flohkrautsaft zu trinken, bevor sie den Versuch wagen, einen männlichen Erben zu zeugen. Andrerseits sollten die Paare, die weder Knaben noch Mädchen hervorbringen können, ihr Vertrauen auf Grünkohl setzen. Nicht umsonst weihten die Römer ihren jungen Kohl dem Priapus, ihrem Gott der Fruchtbarkeit.

Im Mittelalter fand der träge Liebhaber die Antwort auf seine sexuellen Nöte in der Myrte. Man glaubte, daß die Blätter dieser blühenden Staude belebenden Einfluß ausübten, wenn man sie zu einem grünen Brei zerstieß und auf den Körper rieb. Der Wortlaut des folgenden Rezeptes für ein Liebestonikum zeigt, daß auch die Damen die besonderen Wirkungen der Myrte zu schätzen wußten:

- Man weiche zwei Handvoll Blüten und Blätter der Myrte in zwei Quart Quellwasser und einem Quart Weißwein für vierundzwanzig Stunden ein.
- Sodann destilliere man das Ganze, und das Ergebnis wird ein wohlriechender und kräftig schmeckender Tropfen sein, den man durch Hinzufügen von mehr oder weniger Myrte ganz nach Belieben verstärken oder abschwächen kann.
- Er steigert die Schönheit und, mit Syrup vermischt, ist er ein herzstärkendes Mittel, das diejenigen, die ihn trinken, liebestoll macht.

Daß die Elisabethaner den Möglichkeiten all dieser natürlichen Aphrodisiaka aufgeschlossen gegenüberstanden, bestätigen die zahllosen Hinweise auf die stärkenden Merkmale bekannter Pflanzen, Kräuter und Gemüsesorten in Shakespeares Dramen und Komödien. Thersites in »Troilus und Cressida«[15] erwähnt den Kartoffelfinger des Unzuchtteufels mit dem feisten Bauch. In den »Lustigen Weibern von Windsor«[16] bittet Falstaff den Himmel inständig, *»Kartoffeln regnen . . . Gewürznelken hageln und Muskatkuchen schneien«* zu lassen. Ein Strauß Rosmarin als Symbol für männliche Tugenden wurden dem Bräutigam gewöhnlich am Morgen des Hochzeitstages überreicht, zweifellos ein Brauch, auf den die Amme in »Romeo und Julia«[17] anspielt, wenn sie sagt: *»Fängt nicht Rosmarin und Romeo mit demselben Buchstaben an?«* Königstochter Perdita im »Wintermärchen«[18] weiß von *»Lavendel, Minze, Salbei, Majoran ... die man geben muß den Männern mittlern Alters.«*

Auch kannte man das wirkungsvolle Kraut, das im »Sommernachtstraum«[19] beschrieben wird und dessen Saft, *»geträufelt auf entschlafne Wimpern, macht Mann und Weib in jede Kreatur, einen Mann oder eine Frau, die sie zunächst erblicken, toll vergafft.«*

In demselben Stück beauftragt Titania ihre Feen, den Weber Nick Bottom mit Aprikosen und Ackerbrombeeren zu füttern.

Sie kannte ihre Mittelchen schon! Wenn wir uns der Gegenwart nähern, entdecken wir immer häufiger Andeutungen, die besagen, daß die Damen des achtzehnten Jahrhunderts Engelswasser benutzten.

Dieses Präparat wurde aus

- einem Schoppen Orangenblütenwasser,
- einem Schoppen Rosenwasser und
- einem halben Schoppen Myrtenwasser zubereitet.
- Ehe man zwei Drittel destillierten Mostgeist und zwei Drittel Ambergeist hinzufügte, mußte die Mixtur gut geschüttelt werden.

Leser von Romanen des achtzehnten Jahrhunderts werden bestätigen, daß Männer das sich ergebende Parfüm unwiderstehlich fanden.

Einige Aphrodisiaka wirken über den Magen, andere wenden sich unmittelbar an die Sinne, aber alle diese Durchgangsstraßen zum sexuellen Vergnügen stehen jedem Mann offen, das heißt, jedem Mann, der bereit ist, Voltaire wörtlich zu nehmen und seinen Garten zu bestellen[20]. Erforderlich sind nur der Erdboden, der lebenswichtige Humus, die geeigneten Werkzeuge, das technische Know how und die Kenntnis derjenigen aphrodisischen Früchte, die sich unter den bestehenden Bedingungen anpflanzen lassen.

Wenn wir zu der bereits erwähnten Liste aphrodisischer Früchte noch Sellerie, Artischocken, Spargel, Bohnen, Karotten, Rüben, Knoblauch, Linsen, Pilze, Erbsen, Gewürznelken, Spinat, verschiedene Obstarten und die meisten Kräuter hinzufügen, mag der Leser sehr wohl zu sich sagen: ›Das ist doch nichts Neues! Schon seit Jahren habe ich solche Sachen angepflanzt.‹ Es stimmt. Er hat sie in der Tat seit Jahren angepflanzt. Es ist auch möglich, daß er ein vollkommen normales Sex-Leben geführt hat, unberührt von seinen eigenen Gartenprodukten und ohne Steigerung durch sie.

Wenn das der Fall ist, wenn er wahrheitsgemäß behaupten kann, daß Sex für ihn keine Probleme mit sich bringt, wenn er hundertprozentig sicher ist, daß seine Liebesverrichtungen immer fehlerlos sind, dann können wir nur sagen, daß dieses Buch nicht für ihn gedacht ist.

Der Mann aber, dessen Männlichkeit in irgendeiner Weise in Frage gestellt ist, wird auf den folgenden Seiten etwas Neues finden. Ob er Gärtner ist oder nicht, spielt keine Rolle. Ob er in der Stadt oder auf dem Lande lebt, in einem Haus mit Garten oder in einer Etagenwohnung ohne Garten, in einem Dachstübchen oder im Kellergeschoß, bleibt sich gleich. Er wird lernen, wie er sich selbst mit gerade dem Gemüse, den Früchten, Kräutern und anderen Nahrungsmitteln versorgen kann, die ihm das besondere Vertrauen und die Kraft geben, welche ihm so offensichtlich fehlen. Hier findet er eine lückenlose Anleitung dafür, wie er den Garten bestellen soll, der seinen persönlichen Umständen entspricht, und wie er von dem, was er anbaut, anregende Gerichte bereiten kann.

Wir werden zuerst ein Haus im Grünen aufs Korn nehmen. Es handelt sich um ein gewöhnliches Zwei-Familien-Haus mit vier Schlafzimmern, zwei Wohnzimmern, zwei Badezimmern, einer kleinen Garage und einem Garten durchschnittlicher Größe hinter dem Haus. Sobald wir uns diesem Idyll nähern, erkennen wir das unmittelbare Problem: Der Garten ist ein wahres Blütenmeer, gleichmäßig unterteilt in saubere, wohlabgemessene Blumenbcctc.

Es könnte einem in der Seele weh tun, daß all diese wunderhübschen Blumen beseitigt werden müssen, aber auch der letzte Quadratzentimeter muß unabdingbar dem einen Zweck vorbehalten bleiben: dem Anbau von Aphrodisiaka.

KAPITEL ZWEI

Unternehmen »Blumentod«

Wer mit Erfolg Aphrodisiaka im eigenen Garten anbauen will, muß zuerst einmal seine Unbarmherzigkeit kultivieren. Er muß jeden Quadratzentimeter seines Fleckchens Land in Augenschein nehmen, jede Pflanze, jedes Kraut, jede Staude, jeden Baum und jedes Gemüse notieren und sich dann darin stählen, alle Gewächse, die keine aphrodisischen Eigenschaften haben, auszureißen und zu vernichten.

Sein Blumenbeet mag ein Farbenmeer von stachligem rosa Bärenklau, hohen, prachtvollen Herbstrosen, glänzenden gelben Mädchenaugen und flammend dunkelroten Kermesbeeren sein; aber obwohl solche Blumen das Auge erfreuen mögen, sind sie sexuell nicht anregend, und folglich müssen sie weichen.

Seine *Engelwurz* mag für Verdauungs- und Atmungsbeschwerden gut sein, seine *Echte Katzenminze* mag einen nützlichen Trunk gegen Fieber abgeben, und seinen *Ysop* mag man zu einem Sirup verarbeiten können, der wunde Kehlen heilt und Atembeschwerden beseitigt, aber alle diese müssen geopfert werden, um für anregendere Kräuter wie *Basilienkraut, Thymian* und *Rosmarin* Platz zu machen.

Fuchsien, Hortensien und Rhododendron mögen ihren Reiz haben, aber sie müssen durch *Wacholder, Lorbeer* und *Myrte* ersetzt werden, die alle das sexuelle Vermögen steigern.

Japanischer Ahorn, Goldregen und *Magnolien* stellen ohne Zweifel eine Augenweide dar, aber sie müssen *Pfirsich- und Kirschbäumen* oder *Eßkastanien* Platz machen.

Was das Gemüse betrifft, so enthalten wohl alle Sorten etwas, das dazu beiträgt, die Liebesbrunst anzufachen, aber einige sind wirksamer als andere, und folglich sollte man eine Auswahl treffen. Wer als Amateur Aphrodisiaka anpflanzt, kann nur zu leicht Fehler machen, wenn er seinem eigenen unqualifizierten Urteil vertraut.

So hat beispielsweise die phallische Form der Gurke den unerfahrenen Sensationssucher oft aufs Glatteis geführt.

Die erste Aufgabe ist es, all das, was wir auch im Folgenden als ineffektive Gewächse bezeichnen, auszusondern:

Der Garten muß von allem befreit werden, was nicht zu ithyphallischen Ergebnissen führt.

Schließlich ist es nicht das Ziel des Gärtners, seine Frau mit Schnittblumen und billigem Gemüse zu versorgen, sondern seine eigenen erotischen Unzulänglichkeiten wettzumachen.

Eine Vase oder einen Einkaufskorb zu füllen, ist eine Sache, die Kluft zwischen Leistung und Erwartung zu füllen, eine andere. Jeder x-beliebige Mann kann einer Frau einen Strauß Narzissen oder einen übergroßen Kürbis, den er selbst gezogen hat, überreichen. Wenige Männer dagegen können ihre Gattin aber in sexueller Hinsicht befriedigen.

Vom praktischen Standpunkt aus haben Blumen einem Mann, der seine Männlichkeit sucht, wenig oder gar nichts zu bieten.

Die Wurzel des *Alpenveilchens* ist sicherlich in mittelalterlichen Liebestränken verwendet worden, aber die Berichte sagen wenig darüber, daß sie besonders wirksam gewesen sein soll.

Zweifellos hat der Duft von *Gardenien, Maiglöckchen* und *Jasmin* eine aphrodisische Wirkung auf Frauen, aber kein Mann ist bereit, seinen Ruf als Liebhaber zugunsten von etwas so Vergänglichem wie Parfüm aufs Spiel zu setzen.

Auch möchten wir den Männern nicht raten, *Rosen* nur deshalb zu züchten, weil Dionysius, der Tyrann von Syrakus, sein Haus einst mit ihnen füllte und dann die jungen Mädchen der Stadt zu orgiastischen Obszönitäten einlud.

Man geht am besten so vor, daß man sich von vornherein aller Blumen entledigt. Reißen Sie sie mit Stumpf und Stiel aus, schichten Sie sie zu einem Haufen auf und verbrennen Sie sie.

Aus verständlichen Gründen sollte die Blumenausrottung in Abwesenheit der übrigen Familienangehörigen vorgenommen werden. Bewegen Sie sie dazu, eine Nachmittagsvorstellung im Kino zu besuchen, vorzugsweise dann, wenn in einem entfernteren Lichtspieltheater ein Breitwand-Epos gezeigt wird. Sobald sie mit Sicherheit aus dem Wege sind, ist Ihnen das Blumenbeet ausgeliefert:

- ✿ Greifen Sie es tatkräftig, aber systematisch an, indem Sie jeweils nur eine Reihe vornehmen und
- ✿ einen Schubkarren für ausgerissene Blumen bereithalten.

Bei einem Garten durchschnittlicher Größe dürfte das »Unternehmen Blumentod« nicht länger als drei bis vier Stunden dauern.

Natürlich kommt es darob später zu heftigen Auseinandersetzungen. Verschiedene Erklärungen bieten sich an, die von den jeweiligen Umständen und dem Grad der Leichtgläubigkeit des Fragestellers abhängen. Wenn, was häufig vorkommt, die Ehefrau mit den Leuten nebenan nicht spricht, können Sie, ohne mit der Wimper zu zucken,

- den Nachbarskindern die Schuld in die Schuhe schieben.

In abgeänderter Form können die Anklagen gegen

- einen tollwütigen Hund,
- eine plündernde Räuberbande,
- den Blumenhändler um die Ecke,
- einen Umherzögling,
- jugendliche Zerstörungswut oder
- einen entlaufenen Irren[21] gerichtet sein.
- Wenn gerade ein Zirkus in der Stadt gastiert, lenken Sie den Verdacht auf die Affen und Elefanten.

Beharren Sie darauf, daß jeder genannte Übeltäter in den Garten gewandert sein muß, während Sie sich einen Freistil-Ringkampf ansahen.

Männer, die mit Heimchen von Ehefrauen geschlagen sind, werden das »Unternehmen Blumentod« anders anpacken müssen. Wir sind auf eine Anzahl nützlicher Pläne hingewiesen worden, aber die beiden, die uns am günstigsten zu sein scheinen, sind:

- Das *Pest-und-Krankheits-System*, das von Anton Schwalme aus Ober-Nordholz entwickelt wurde und
- der *Auf-lange-Sicht-Ausmerzungsplan* von Herbert Schimmelgroschen aus Steinhausen.

Beide Methoden sind idiotensicher, wirksam und unkompliziert. Obwohl sie meist bereits in den zwanziger Jahren aufgestellt wurden, haben sich beide Pläne auf dem flachen Land als erfolgreich erwiesen. Da auf sie die Aphrodisierung von Tausenden von Morgen früherer Blumenbeete zurückgeht, wollen wir sie im Folgenden näher untersuchen.

1. Schwalmes Methode (Ober-Nordholz)

Als Schwalme im Sommer 1922 beschloß, seinen Hintergarten in ein Aphrodisiaka erzeugendes Gelände umzuwandeln, erkannte er, daß es sein größtes Problem sein würde, den Boden von den Blumen freizumachen. Da er wußte, daß seine Frau ihm niemals erlauben würde, die Blumenbeete umzugraben – um Zwiebeln und gewisse Kräuter anzubauen! –, machte er es sich zur Aufgabe, einige Blumen mit geeigneten Schädlingen zu behandeln und Krankheiten im vollsten Umfange zu fördern:

Unter den Augen seiner Frau

- besprühte er die Chrysanthemen, Dahlien und den Rittersporn mit fast unsichtbarem Spanischen Pfeffer[22],
- streute er eine Handvoll Raupen nach der anderen zwischen die Gladiolen und Rosen,
- schmierte er Kuckucksspeichel[23] auf seine Flammenblumen,
- und zur Verstärkung warf er Ohrwürmer, Aalwürmer, Minierfliegen[24], rote Spinnen[25], Holzläuse, Wegschnecken und Schlangen unter sie.

Schließlich und endlich sorgte er dafür, daß die Blumen, die die Schädlinge überstanden hatten,

- der Blattfleckenkrankheit[26]
- oder dem Mehltau[27]
- oder rostfarbigen Pusteln[28]
- oder der Wurzelfäulnis[29]
- oder dem mit Flaum bedeckten Grauschimmel[30] erlagen.

Innerhalb von vierzehn Tagen war jede Blume in seinem Garten vernichtet oder am Absterben. Am Ende war es Frau Schwalme selbst, die ihren Gatten drängte, sich von Blumen auf Gemüse umzustellen. In weniger als drei Monaten wuchsen die schönsten Zwiebeln von Ober-Nordholz in Schwalmes Garten.

2. Schimmelgroschens Methode (Steinhausen)

Schimmelgroschen, Buchhalter aus Steinhausen, ging auf sehr viel feinere Art zu Werke.

Da er an den Möglichkeiten einer aphrodisischen Ernährungsweise interessiert war, nachdem er im Wartezimmer seines Arztes einen Artikel darüber in einer medizinischen Zeitschrift gelesen hatte, beschloß er, Versuche mit Sellerie anzustellen. Er wußte, daß er sich entweder von seinem Blumenbeet oder einem Teil seines Rasens trennen mußte, da er nur einen kleinen Garten hinterm Haus besaß. Er wußte auch, daß, was seine Frau betraf, die Blumen und das Fleckchen Gras sakrosankt waren. Wenn sie geschmälert würden, ginge Frau Schimmelgroschen automatisch nach Hause zu Mama, und es wäre dann wenig sinnvoll, wenn er seine eigenen Aphrodisiaka pflanzte.

Schimmelgroschen hatte einen glänzenden Einfall.

Ihm kam die Idee, das Blumenbeet nicht mit einem Schlage, sondern Stück für Stück der Blumen zu entledigen, und zwar so, daß seine Plünderungen unbemerkt vor sich gehen konnten:

- Jeden Abend, wenn er den Hund ausführte, pflegte er an dem Blumenbeet vorbeizuschlendern,
- ein Dutzend verschiedener Blumen auszureißen
- und sie während seines Bummels durch Steinhausen nach und nach zu verlieren.

Er hatte sich ausgerechnet, daß er bei den fünfzehnhundert Blumen, deren er sich entledigen mußte, seine Arbeit in vier Monaten beendet haben würde.

In seinem Bericht über den *Auf-lange-Sicht-Ausmerzungsplan* (als Beitrag zum *Handbuch des Aphrodisiaka-Gärtners, Kapitel VII, »Fallen und Pläne«*) hatte Schimmelgroschen Folgendes zu sagen: »Meine Frau bemerkte zwei Monate lang gar nichts. Erst nachdem ich mehr als siebenhundert ausgesuchte Blumen entfernt hatte, sagte sie eines Tages beiläufig: ›Ich hätte schwören können, daß wir schon einmal mehr Blumen hatten.‹

Vier Wochen später fragte sie mich, ob ich nicht der Meinung sei, daß irgendjemand unseren Rittersporn stehle, aber noch war sie vollkommen ahnungslos über das Ausmaß meiner nächtlichen Streifzüge.

Erst als ich das Blumenbeet zu einer zerrupften Angelegenheit von ungefähr einhundert verstreuten Löwenmäulchen, Pantoffelblumen, Lupinen, Ringelblumen und Natternköpfen gemacht hatte, ahnte sie, daß irgend etwas ganz und gar nicht stimmen konnte.

Ich werde nie ihr Gesicht vergessen, als sie eines Morgens aus dem Fenster sah und nur drei Pantoffelblumen, vier Ringelblumen und eine einsame Lupine verloren auf dem sonst kahlen Blumenbeet stehen sah. Bis auf den heutigen Tag macht sie Blasenfüßler und Ohrwürmer für die ganze geheimnisvolle Ereigniskette verantwortlich.«

Der Mann, dessen Frau seine Beschäftigung im Garten überwacht, wird feststellen, daß die Schwalme- und Schimmelgroschen-Technik mit einigen Änderungen dienlich ist, alle ineffektiven Gewächse auszusondern:

- Die Blätter eines Birnbaumes beispielsweise können zu unansehnlichen Skeletten reduziert werden, wenn der Baum im Juni heimlich mit den Raupen der Wegschnecke behandelt wird,
- während einige Dutzend langflüglige Kornwürmer[31] unter unerwünschten Erdbeerpflanzen Verheerungen anrichten können.

Andererseits kann man selbst die größten Gartenbäume mühelos schrumpfen lassen, indem man die Schimmelgroschen-Taktik anwendet:

- Benutzen Sie eine Gigli-Säge[32], sie dringt selbst durch härtestes Material,
- und nehmen Sie jeden Abend einen Zweig in Angriff, bis nur noch der Baumstumpf übriggeblieben ist.

Eine Beobachtung der täglichen Reaktionen einer durchschnittlichen Hausfrau auf eine abgestufte Verwandlung im Sinne Schimmelgroschens entschädigt den Ehegatten für all seine Sägearbeit.

Aber wenden wir uns von den Gärten, die Reorganisation verlangen, zu dem idealen Arbeitsgebiet eines Möchtegern-Anpflanzers von Aphrodisiaka, dem jungfräulichen Fleckchen Erde. Keine Blume steht hier, nicht einmal ein Grashalm, die des Planers schweifenden Blick verwirren könnten.

- Nur ein schlichtes Rechteck,
- dreißig mal zwanzig Meter von bestem Boden,
- die Hälfte Sand,
- ein Viertel Lehm,

- ein Sechstel Humus und
- ein Zwölftel Kalk.

Sechshundert Quadratmeter gesunden Bodens, der darauf wartet, eine vernünftige Auswahl von Pflanzen zu erhalten, die den Gärtner im Laufe der Zeit in die Lage versetzt, idyllische Reisen nach Cytherea[33] zu genießen.

Bei einem Garten dieser Größe macht sich übertriebener Ehrgeiz nicht bezahlt. Es ist verständlich, daß der Mann, der gerade entdeckt hat, daß er Aphrodisiaka, die ihn zur Venus schießen, anbauen kann, sich mit jedem Mittel, das dem Geschlechtsverkehr dienlich ist, von *Artischocken* bis *Zitwerwurzeln*, versorgen möchte. Beim Trachten nach zusätzlicher erotischer Potenz ist ein solcher Enthusiasmus nur natürlich. Dennoch ist es besser, wenn man sich im Anfangsstadium auf einige wenige erprobte Anregungsmittel konzentriert. Verfeinerungen können später kommen.

Der Anfänger sollte den alten westafrikanischen Spruch im Gedächtnis behalten: *»Eine Portion Puffbohnensuppe heute ist besser als zwei Mundvoll Yohimberinde morgen.«*

Wir schlagen deshalb vor, daß der Mann mit einem sechshundert Quadratmeter großen Garten sich mit dem Anbau von nicht mehr als einem Dutzend aphrodisischen Gewächsen zufriedengibt. Wir garantieren, daß er den sexuellen Auftrieb, den er braucht, in *Bohnen, Sellerie, Salat, Schalotten, Tomaten, Zwiebeln, Erbsen, Karotten, Radieschen, Spargel, Kohl* und *Spinat* findet. Wie die Tabelle (auf Seite 24) zeigt, wird er das ganze Jahr versorgt, obwohl einige Monate offensichtlich eine größere Auswahl bieten als andere.

Der pfiffige Gartenbauer

Ehe er mit der Arbeit im Garten selbst beginnt, errichtet der kluge Aphrodisiaka-Gärtner:

- eine Einzäunung von mindestens einhundertundachtzig Zentimetern Höhe (ein Lattenzaun oder eine aus Ästen hergestellte häuslich schlichte Einfriedigung ist einem Zaun aus feinem Drahtgeflecht vorzuziehen, aber um ein Höchstmaß an Geheimhaltung und Schutz zu erreichen,

Monatliche Verfügbarkeit des Gemüses

	Jan.	*Feb.*	*März*	*April*	*Mai*	*Juni*	*Juli*	*Aug.*	*Sept.*	*Okt.*	*Nov.*	*Dez.*
Bohnen (Puff-)	X	X	X	X	X	A	A	X	X	X	X	X
Bohnen (Feuer-)	X	X	X	X	X	X	A	A	A	X	X	X
Bohnen (Garten-)	X	X	X	X	X	X	A	A	A	A	X	X
Bohnen (Stangen-)	X	X	X	X	X	X	A	A	A	X	X	X
Sellerie	A	A	A	–	–	–	–	–	A	A	A	A
Salat	–	–	–	–	–	A	A	A	A	A	–	–
Schalotten	X	X	X	X	X	A	A	A	A	X	X	X
Tomaten	X	–	–	A	A	A	A	A	A	A	X	X
Zwiebeln	X	X	X	X	X	A	A	A	A	X	X	X
Erbsen	X	X	X	X	A	A	A	A	A	A	–	–
Karotten	X	X	X	–	–	A	A	A	A	A	X	X
Radieschen	X	X	A	A	A	A	A	A	A	–	–	–
Spargel	–	–	–	A	A	A	–	–	–	–	–	–
Kohl	A	A	A	A	A	A	A	A	A	A	A	A
Spinat	A	A	A	A	–	–	A	A	A	A	A	A

A: Vom freien Feld verfügbar
X: Vom Lager oder von Dauerglasglocken

schlagen wir zusätzlich Schilfmatten vor, die einen wirksamen Schutz gegen Wind und Neugierige bilden),

- denken Sie daran, daß eine Ecke des Gartens für eine ungefähr neunzig Zentimeter tiefe Kompostgrube reserviert bleiben muß (in welcher der Gemüseabfall in Dünger umgewandelt wird),
- ferner ist ein gediegen gebauter, regenundurchlässiger Werkzeugschuppen notwendig,
- wesentlich ist es auch, im sonnigsten Teil des Gartens entweder ein ganz oder in drei Vierteln bedachtes Gewächshaus aufzustellen.
- Die endgültige Anlage können Sie dem nutzbringenden Plan auf Seite 27 entnehmen.

Anordnung der Beete

Was das Werkzeug betrifft, halten Sie sich am besten an Markenfabrikate, auch dann, wenn es ein wenig mehr kostet. Für die Arbeit, die vor Ihnen liegt, wird es genügen, Folgendes zu kaufen:

- einen Spaten,
- eine Forke,
- eine Zieh- und eine holländische Hacke,
- eine zwölfzahnige Harke,
- einen Kultivator, um den Boden zwischen den Pflanzen zu lockern,
- ein Steckholz,
- eine Kelle,
- eine Karre mit einem beweglichen Rückenteil,
- einen Verbrennungsofen,
- eine Gießkanne (die britische Marke »Haws«[34] ist hier am besten für das Gewächshaus geeignet),
- einen Berieselungsapparat
- und einen Schlauch mit einfacher Düse.

Da weder Hecken noch lange Gräser
zu schneiden sind,
ist eine Schere nicht erforderlich.
Da auch ein Rasen fehlt, der zu pflegen wäre,
braucht der Aphrodisiaka-Gärtner
keinen Rasenmäher.

Wir nehmen an, daß das Land gut gewässert, desinfiziert (sofern es von Drahtwürmern[35] und Schnakenlarven[36] heimgesucht wurde), gedüngt und zur Bodenverbesserung mit Kalk bestreut worden ist, und schlagen vor, jetzt unsere zwölf »effektiven« Gemüsesorten nacheinander zu untersuchen und einige nützliche Hinweise über Anbau, Ernte und Verwendung zu geben.

Wir fangen am obersten Ende des Gartens an, wo wir die vier verschiedenen Bohnensorten angesiedelt haben, und sehen sie uns an:

1. Die Puffbohne (Vicia Faba), die angeblich aus Nordafrika stammen soll, ist eine jener unkomplizierten und widerstandsfähigen einjährigen Pflanzen, die fast überall wachsen.

Um die besten Resultate zu erzielen:

- ✿ sollte der Platz sorgfältig umgegraben werden, ja, man sollte sogar soweit gehen,
- ✿ den Boden mit Gräben zu durchziehen.

Da eine Pflanze gierig Nahrung aufnimmt, sorgen Sie dafür, daß

- ✿ der Erdboden zwei oder drei Wochen vor der Aussaat gut mit natürlichem Dünger durchsetzt wird.

Einige Fachleute vertreten die Ansicht, daß

- ✿ auch ein gutes Fischdüngemittel, das Pottasche enthält, in den Boden geharkt werden sollte, während andere
- ✿ Fleisch- und Knochenmehl empfehlen.

Auf jeden Fall wird sich eine

- ✿ Auflage von gelöschtem Kalk (etwa einhundert Gramm pro Quadratmeter) wohltuend auf die folgende Ernte auswirken.

Ihr Motto sollte sein: »Für meinen Boden ist das Beste gerade gut genug.«

Bei der Herbstaussaat muß der

- ✿ Samen im Oktober oder November ausgelegt werden.

Wenn der Winter außergewöhnlich streng ist,

- ✿ schützen Sie die Pflanzen mit Glasglocken.

Und so sieht die ideale Anordnung der Gemüsebeete im Garten aus

Säen Sie

- in Doppelreihen, etwa zwanzig Zentimeter auseinander,
- wobei Sie zwischen den einzelnen Bohnen einen Abstand von zwölf Zentimetern lassen.

Um sie aufzurichten,

- stecken Sie Reisig in die Erde,
- und ziehen Sie an jeder Seite der Reihe eine Schnur entlang.
- Die Anzahl der Reihen kann nur vom einzelnen Gärtner bestimmt werden.

Nachdem er die aphrodisische Wirkung von Puffbohnen, grünen Bohnen, weißen Bohnen und Stangenbohnen ausprobiert hat, kann es sich herausstellen, daß eine spezielle Sorte am besten auf seine Nöte abgestimmt ist. Wie dem auch sei:

- Im ersten Jahr sollte er den vier Meter breiten Streifen gleichmäßig für alle vier Sorten teilen.
- Das Zeit-und-Verhalten-Diagramm, das weiter unten erklärt wird, wird ihn davon in Kenntnis setzen, welche der vier Arten die befriedigendste für ihn ist.

Der vorsichtige Gärtner zieht es vor, früh zu säen, um die schädlichen Angriffe der Kriebelmücke[37] oder Schwarzen Bohnenblattlaus[38] zu meiden. Tauchen letztere trotzdem auf:

- besprühen Sie sie sogleich mit einem guten Insektenschutzmittel,
- kneifen Sie dann die Spitzen der Pflanzen ab
- und werfen sie auf den Komposthaufen,
- wobei die Wurzeln in der Erde gelassen werden sollten.

Es ist wichtig, die Bohnen

- regelmäßig zu pflücken, ehe sie alt und ledern werden,
- und bevor sich das charakteristische schwarze Auge gebildet hat. Nur so dürften sie einen wirklich köstlichen Geschmack haben.

Ganz abgesehen von ihren aphrodisischen Eigenschaften, haben richtig gezogene Bohnen einen bemerkenswert hohen Nährwert.

Wir dürfen wohl annehmen, daß der römische Schriftsteller kein leeres Stroh drosch, als er von den Puffbohnen sagte, daß sie *»in partibus genitalibus titillationes producunt«* (Mit anderen Worten: Sie wecken den Appetit). Diese Gemüse bereiteten offensichtlich noch im vierten Jahrhundert Aufregung, und zwar für den Kirchenvater Hieronymus, der einem Kloster im Heiligen Land vorstand und den Nonnen unter seiner geistlichen Leitung nicht erlauben wollte, Bohnen zu essen. Auch italienische Bauern geben bis auf den heutigen Tag bereitwillig zu, daß eine großzügige Portion Puffbohnensuppe dem wohlbekannten Ausdruck *»Rinasce piu gloriosa«* (»Es erhebt sich herrlicher denn je.«) seine Bedeutung gibt. Wenn es also darum geht, die Wirksamkeit der Puffbohnen als sexuelles Anregungsmittel zu erproben, sollte der Anbauer seine Frau dazu überreden, ein einfaches Gericht zuzubereiten, das die Römer für besonders belebend hielten: Puffbohnensuppe:

- Die Bohnen sollten zusammen mit einem Schinkenknochen in Salzwasser gekocht werden,
- wenn greifbar, etwas gehackte Petersilie und Safran hinzufügen,
- das Ganze durch ein Sieb geben,
- die Flüssigkeit kochen,
- die Bohnen hineinwerfen sowie auch eine Handvoll Reis,
- die Suppe gut durchkochen lassen,
- mit geriebenem Parmesankäse servieren

Spült man diese Suppe mit einem Glas Valpolicella hinunter, sollte sie einen Mann in die Lage versetzen, eine jener geschickt geförderten Verrichtungen auszuüben, die in einer Zeit synthetischer Nahrungsmittel und phantasieloser Mahlzeiten nur zu selten sind.

Wenn er Aphrodisiaka vorher nie versucht hat, wird er über seine Kraftsteigerung verwundert sein. Und wenn die Berichte, die uns erreichten, irgendwie Hand und Fuß haben, wird auch seine Frau überrascht sein ...

2. Die Grüne oder Französische Zwergbohne, die wahrscheinlich aus Südasien stammt, kam Ende des sechzehnten Jahrhunderts nach Europa. Da die Pflanze nur als halb-winterfeste Jahrespflanze angesehen wird, empfiehlt es sich:

- sehr frühe und späte Aussaaten unter Glas zu ziehen,

aber das ist kein Grund, warum eine Reihe dieses schmackhaften Gemüses im Sommer keine Abwechslung in den Bohnenstreifen bringen sollte. Wie die Puffbohne, gibt sie ein nahrhaftes Essen ab und hat außerdem deutlich anregende Wirkung. Zweifellos machen sich die Zeit und die Mühe, die man auf sie verwendet hat, mehr als bezahlt.

Grüne Bohnen lieben ein warmes Beet. Wenn Sie deshalb den Boden vorbereiten, wählen Sie

- eine sonnige und geschützte Lage, und vergessen Sie nicht,
- ein wenig natürlichen Dünger oder Kompost unterzugraben,
- auch Kunstdünger, besonders Superphosphat und Sulfat von Pottasche, ist nützlich.

Sobald Sie den Dünger eingegraben haben,

- behandeln Sie die Bodenoberfläche mit Kalk.

Experten sagen, daß Kalk der Schlüssel ist, der das Nahrungsmittellager für Gartenpflanzen öffnet, und wir meinen, daß der grünen Bohne diese zusätzliche Ernährung nicht vorenthalten werden sollte.

Diese vorbereitenden Arbeiten sollten

- im Herbst begonnen werden,
- der Samen sollte in der ersten Aprilwoche in Kästen gelegt
- und auf einer Temperatur von ca. 12°C gehalten werden,
- und stellen Sie sich auf ein kühleres Gehäuse um, sobald sich die Blätter hervorwagen.

Bei sorgfältiger Luftzufuhr und Bewässerung dürften die Pflanzen Mitte März für ihr Leben im Freien bereit sein:

- Legen Sie die Bohnen in fünf Zentimeter tiefe Rillen,
- die zehn Zentimeter breit sein
- und sechzig oder neunzig Zentimeter auseinander liegen sollten.

Damit sie irgendwelche Lücken, die sich später zeigen, ausfüllen können,

- säen Sie immer eine Reserve von einem halben Dutzend Bohnen an das Ende einer Reihe.

Weitere Tips für den Anbau:

- Regelmäßiges Hacken, bei dem der Boden zu den Pflanzen hingedrückt wird,
- und gleichmäßige Bewässerung bei trockenem Wetter werden sehr empfohlen.
- Bei Frostgefahr schützen Sie die Pflanzen mit Stroh oder Juteleinwand.

Die jungen Pflanzen sind so schmackhaft, daß sie oft von Schlangen und Wegschnecken[39] bedroht werden.

- Als Vorsichtsmaßnahme können Sie Häufchen von Metaldehydködern[40] in Abständen von sechzig Zentimetern an den Reihen entlang legen.

Wenn man grüne Bohnen genießen will, muß man sie

- pflücken, solange sie jung sind, sie werden sonst alt und rauh.
- Ein großer Vorteil ist es, daß man die ganze Schote und den Samen darin essen kann.
- Gekocht und mit einer passenden Soße serviert oder als Beigabe zu einem Salat, sind sie in ganz Europa beliebt und wegen ihrer aphrodisischen Wirkung geschätzt

Diese und nichts anderes wurde von dem unbekannten Dichter der alten schwedischen Ballade »Die Liebesbohne«[41] gemeint, enthält sie doch die folgenden inhaltsreichen Verse:

Die Lust hing träg mir hinterm Blatt.
(O bittre, bittre Scham!)
Mein Herz war schwer, von Kummer matt,
Bis meine Liebste kam.
Sie brachte mir 'ne feine Speis,
(O Schoten, grün und samenprall!)
Die Lust sprang auf mit rechtem Fleiß,
Beendet war mein tiefer Fall.

3. *Die Weiße Bohne* wird auf dieselbe Weise gezogen:

- Säen Sie den Samen so früh aus, daß die Schoten noch vor Herbsteinbruch reifen können,
- aber anstatt die jungen Schoten zu pflücken, lassen Sie sie hängen, bis das Blattwerk seine Farbe verliert,
- dann reißen Sie die Pflanzen aus, bündeln sie und hängen sie in den Gartenschuppen.
- Sobald die Schoten aufplatzen, enthülsen Sie die Samen
- und lagern sie an einem trockenen, kühlen Platz, für den Verbrauch im Winter.
- Sie können die Pflanzen auch in Säcke stecken und sie dann mit Stöcken bearbeiten, um die Bohnen herauszudreschen.

Während der kalten Wintermonate, in denen eisige Schlafzimmer und kühle Bettlaken die Verwirklichung liebevoller Absichten erschweren, hat eine Notration weißer Bohnen sich oft als letzter Ausweg für diejenigen erwiesen, die wohl wollten, aber nicht konnten.

- Weiße Bohnen einige Stunden lang eingeweicht,
- dann in Salzwasser gekocht, bis sie weich sind,
- anschließend getrocknet und mit Butter, Salz und Pfeffer servieren.

So werden die Bohnen ihrem Ruf als Aphrodisiakum gerecht. Jeder, der aus einem anregenden Mahl weißer Bohnen seinen Nutzen gezogen hat, wird nur zustimmen können, daß Kramer recht hatte, seine Beschreibung einer aphrodisischen Ernährungsweise mit folgenden Worten zu beginnen: *»Vor allem starker Wein, Gemüse, Bohnen …«*[42]

Unter den einzelnen Speisen, die Flaubert in seiner Darstellung eines karthagischen Festes[43] gibt, befinden sich *»Fleischbrühe, durch Weizen, Bohnen und Gerste angereichert«*. Auch das Bankett, das Königin Elisabeth I. im Jahre 1575 im Schloß von Kenilworth[44] gab, wies zwei Silberschüsseln mit *»Weizen, Gerste, Hafer, Bohnen …«* auf. Und im Frankreich des achtzehnten Jahrhunderts, wo sich Aphrodisiaka in Hofkreisen allgemeiner Beliebtheit erfreuten, waren, wie historische Berichte zeigen, die unermüdlichen Edelleute sich der Wirkung weißer Bohnen wohl bewußt.

4. Die Feuerbohne: Schließlich und endlich kann es sich kein Bohnen-Gärtner leisten, das abgesehen von der Kartoffel beliebteste Gemüse zu ignorieren. Seit mehr als dreihundert Jahren in unseren Breiten bekannt, wächst die Feuerbohne auf fast allen Böden, und nur in wenigen Gemüsegärten trifft man diese halb-winterfeste Jahrespflanze mit ihren knolligen Wurzeln nicht an. Ihr größter Vorteil ist es vielleicht, daß sie zu einer Zeit zur Verfügung steht, in denen anderes Frischgemüse sehr knapp ist.

Für alle Sorten von Stangenbohnen gilt im Anbau:

- Am besten bereitet man den Boden im Herbst vor,
- indem man kleine Gräben zieht und
- die ausgewählte Stelle freigiebig mit Dung oder Kompost düngt.

Fachleute empfehlen

- die Zugabe von einem Fischdüngemittel und salzsaurem Salz von Pottasche
- vierzehn Tage vor der Aussaat.

Vergewissern Sie sich auch, daß

- der Samen in ein warmes Beet kommt, da er sonst nicht keimt,
- die jungen Schößlinge niemals ausgesetzt werden, solange noch Nachtfrostgefahr besteht,
- sondern in der zweiten Maiwoche im Süden,
- im Norden jedoch auf Ende des Monats verschieben.

Weiterhin sollten Stangenbohnen

- sich an Sträuchern emporranken können (Hasel, Esche oder Erle),
- und regelmäßig begossen werden, besonders bei heißem, trockenem Wetter.

Für alle Sorten von Stangenbohnen gilt im Allgemeinen:

- Lassen Sie die Bohnen nicht alt werden, denn dann sind sie zäh und faserig,
- pflücken Sie die Schoten, wenn sie jung sind,
- beschneiden Sie sie an beiden Enden,
- entfernen Sie die beiden Längsrippen, und sie sind fertig für den Topf.
- In feine Scheiben geschnitten, können sie auf dieselbe Art wie grüne Bohnen gekocht werden.

Der Aphrodisiaka-Anbauer, der für ein Höchstmaß an Leistungsfähigkeit das ganze Jahr hindurch sorgen will, wird es vorziehen, seine Ernte einzupökeln oder einzusalzen, um sie während der Wintermonate zur Verfügung zu haben. Für ihre Wirksamkeit bürgt eine alte niedersächsische Redensart:

Wenn Stangenbohnen Schoten treiben,
Wird's nicht mehr lange Sommer bleiben.
Sind sie dann unter Dach und Fach,
Ist's winters warm im Schlafgemach.

5. Der Anbau von ***Sellerie*** bringt so manche Schwierigkeit mit sich und erfordert auch viel Arbeit. Er ist jedoch ein Aphrodisiakum par excellence, so daß man keine Anstrengung scheuen sollte, um ihn in Hülle und Fülle ernten zu können.

Es gibt viele Möglichkeiten, Sellerie zuzubereiten, und die Nachwirkungen kann man nur als außergewöhnlich bezeichnen. Er ist auch dafür bekannt, den an Rheuma Leidenden zu helfen, und ein weiterer Punkt zu seinen Gunsten ist, daß er den Boden in erstklassigem Zustand für eine neue Bestellung hinterläßt:

- Legen Sie die Furchen (ungefähr vierzig Zentimeter tief und fünfundvierzig Zentimeter breit)
- im Winter oder zu Beginn des Frühlings an.

Der Erdboden, den man entfernt hat, sollte

- auf beiden Seiten aufgeschichtet werden und so flache Furchenraine bilden.
- Natürlicher Dünger oder genügend verwester Gartenabfall sollte mit einem guten Allgemeindünger vermischt

- unten in die Furchen gegraben werden.
- Fügen Sie dann einige Zentimeter Mutterboden hinzu, und
- bestäuben Sie die Oberfläche mit gelöschtem Kalk.

Der Same sollte

- in zwei getrennten Stufen
- in Töpfe oder Kästen gesät werden.
- Mitte Februar sollten Sie eine Sorte aussäen, die schnell wächst;
- die Hauptaussaat nehmen Sie Anfang März vor.

Während die erste Sorte im September bereits genossen werden kann, liefert die zweite die üblichen Wintervorräte. Um beste Ergebnisse zu erzielen, sollten Sie dünn und flach säen.

Wenn die Pflanzen etwa zehn Zentimeter hoch sind,

- nehmen Sie sie vorsichtig heraus, wobei Sie darauf achten,
- daß jede einen Ballen Erde mitnimmt,
- runden Sie die Wurzeln ab, indem Sie
- alle Seitentriebe entfernen,
- und setzen Sie sie dann in die vorbereiteten Furchen,
- mindestens fünfundzwanzig Zentimeter auseinander.
- Begießen Sie die Pflanzen häufig,
- geben Sie ihnen jede Woche ein flüssiges Düngemittel,
- und hacken Sie den Boden um sie herum und dazwischen.

Vergessen Sie die ganze Zeit über nie, daß es sich um Sumpfpflanzen handelt, die folglich viel Wasser brauchen. Wenn Sie die Blätter zuweilen noch mit altem Ruß bestäuben, wird auf diese Weise die schädliche Selleriefliege[45] vertrieben.

Es dauert zumeist einige Monate, bis die Stiele weiß werden, aber

- fangen Sie mit dem Erdeaufhäufen auf keinen Fall eher an, als bis die Pflanzen dreißig Zentimeter hoch sind.
- Binden Sie die Stiele an einem trockenen Tag mit Bast vorsichtig zusammen,
- und häufen Sie wieder guten Boden um sie herum auf.
- Dieser Aufhäufungsprozeß sollte allwöchentlich fortgeführt werden. Nur die obersten Blätter dürfen dabei sichtbar bleiben.

Bei gründlicher Sorgfalt und vernünftiger Pflege kann der Sellerie solange im Boden bleiben, bis er gebraucht wird. Passen Sie beim Ernten auf,

- ✿ daß Sie den Spaten genau unter die Wurzeln stoßen und nicht das Reisigholz beschädigen.

Die Raine[46] zu beiden Seiten der Furchen sollten für Kopfsalat ausgenutzt werden, der leicht aphrodisisch ist und viele Salatgerichte auffrischt:

- ✿ Säen Sie ihn Anfang Februar unter Glas
- ✿ und pflanzen Sie ihn aus, wenn die Umstände günstig sind, gewöhnlich Ende März.

Haben Sie ein Auge darauf, daß die Pflanzen weder zu groß werden noch zu viel Platz einnehmen. Behandeln Sie sie immer mit größter Sorgfalt,

- ✿ und graben Sie sie nie zu tief ein.

Es ist nicht schwer, Kopfsalat zu ziehen,
aber er ist empfindlich und leicht zu beschädigen.
Genau wie bei Frauen kann
gleichgültige Behandlung ihre zarten Herzen brechen.

Der Aphrodisiaka-Anbauer wird seinen Kopfsalat zur Verfeinerung verschiedener Salate gebrauchen wollen, und ohne Zweifel ist er mäßig anregend. Wer jedoch ein Mehr an sexueller Ausdauer erlangen will, wird sich auf seinen Sellerie verlassen müssen. Er kann ihn roh essen, er kann ihn als Zutat in verschiedenen Salaten verwenden, oder er kann ihn geschmort, gewürzt, gedämpft, gebraten oder gesalzen vorziehen.

Ganz gleich in welcher Form er seinen Sellerie verspeist, wird das Resultat stets dasselbe sein. Er wird in den Zustand männlicher Bereitschaft versetzt. Wenn eine Liebesbegegnung bevorsteht, wird er voller Selbstvertrauen und Stolz in die Schlacht stürmen. Wie ein Turnierritter unter dröhnendem Trompetenschall und mit furchterregender Lanze wird er seinen Gegner zur Unterwerfung zwingen.

Gleichgültig, wie lange auch eine solche Auseinandersetzung dauert: Er wird immer mehr begehren.

Eine nahrhafte Selleriesuppe:

- vielleicht mit Trüffeln angereichert,
  wird als stimulierende Mahlzeit nachdrücklich empfohlen.

Madame de Pompadour[47] bezeichnete sie bewußt als ein *»regime un peu echauffant«*, und sie hat bei französischen Kennern immer in hohem Ansehen gestanden. Es gibt natürlich Dutzende von Sellerierezepten, und ab Seite 137 werden wir einige der wirklich aufregenden Zubereitungen untersuchen.

Für den Augenblick schlagen wir vor, daß derjenige, der seinen eigenen Sellerie gezogen hat,

- mehrere Stiele säubert,
- sie kleinschneidet,
- abbrüht
- und sie durch ein Sieb in eine Kasserolle gibt.
- Stellen Sie sie über eine kleine Flamme,
- fügen Sie eine Prise Mehl,
- etwas Brühe und einige Eidotter, die Sie mit Rahm vermischt haben, hinzu.
- Mit Muskatnuß gewürzt und heiß aufgetragen, hat diese Mischung nicht nur einen herzhaften Geschmack.

Sie wird die sexuelle Energie, wenn überhaupt etwas davon vorhanden ist, erhalten oder die sexuelle Spannweite, falls sie im Schwinden begriffen ist, erweitern oder die Libido, wenn sie verloren ist, wiederherstellen.

Die Belgier, passionierte Gourmets und Liebhaber, stufen Sellerie als Gemüse sehr hoch ein. Selbst Luther kann sehr wohl Sellerie gegessen haben, ehe er sagte: *»Hier stehe ich! Ich kann nicht anders.«*[48]

Geheimnisvolle Anspielungen auf die aphrodisischen Qualitäten des Sellerie scheinen durch in den alten Sprichwörtern: *»Ein verheirateter Mann macht seinen Stab zu einem Pfahl«* und *»Wer ins Paradies gelangen will, muß einen guten Schlüssel haben«*.

In der erotischen Literatur sind die Hinweise auf die Vorzüglichkeit dieser Pflanze Legion.

6. In unserem Vorschlag für die Anlage eines Aphrodisiaka-Gartens haben wir einen Fünf-Meter-Streifen für Sellerie abgeteilt. Vielleicht hätten wir großzügiger sein sollen ...

Da ***Tomaten*** am besten unter Glas gedeihen, sollte man sie nur im Gewächshaus ziehen:

- Legen Sie den Samen im Februar in Kästen, indem Sie sie in einen Kompost aus Blätterhumus, Sand und Lehm auf einer Grundlage von Topfscherben und Asche legen.
- Säen Sie den Samen auf die Oberfläche, ungefähr drei Zentimeter auseinander,
- decken Sie sie mit einem halben Zentimeter feingesiebter Erde ab,
- und schützen Sie den Kasten durch eine Glasscheibe.
- Wenn die Sämlinge erscheinen, achten Sie darauf, daß sie nahe am Glas bleiben und genug Luft bekommen.
- Halten Sie die Temperatur im Gewächshaus auf 15°C, und sorgen Sie immer für feuchte Luft.
- Sobald sich die ersten Blätter zeigen, pflanzen Sie die Tomatenstöcke in zehn Zentimeter hohe Töpfe um.
- Die Mischung der Erde bleibt die gleiche.
- Regelmäßiges Gießen ist auf dieser Entwicklungsstufe wesentlich, wobei Sie vorzugsweise Regenwasser, das einige Stunden dem Sonnenlicht ausgesetzt wurde, verwenden sollten.
- Halten Sie die Temperatur auf gleicher Höhe, und achten Sie auf die Luftzufuhr.
- Mitte März, wenn die Pflanzen zehn Zentimeter hoch sind und ein ausreichendes Wurzelwerk entwickelt haben,
- können sie in fünfundzwanzig Zentimeter hohe Töpfe umgesetzt und leicht befestigt werden.
- Gießen Sie sie gut, ohne zu übertreiben,
- entfernen Sie alle Winkeltriebe, und führen Sie ihnen an sonnigen Tagen ausreichend Luft zu.

Bei Beachtung dieser Anweisungen werden die Tomaten im April pflückreif sein. Sie bleiben es bis Anfang Oktober.

Als »Liebesapfel« bekannt, ist die Tomate sowohl wegen ihrer Saftigkeit wie auch als Aphrodisiakum gegessen worden, seit sie im sechzehnten Jahrhundert nach Europa kam. (Als Ursprungsland wird Peru angesehen.) Unseren Erfahrungen nach ist sie für sich allein nicht besonders anregend, aber als Bestandteil gewisser Suppen und Salate trägt sie zur allgemeinen Wirkung bei.

Wenn sie mit einer Mischung aus

- Wurstfleisch,
- Schinken,
- Brotkrumen,
- Zwiebeln,
- Petersilie
- und Eidottern gefüllt
- und eine Viertelstunde im heißen Ofen gekocht wird,

muß die Tomate zu der Liebestollheit, welche die ganze Mischung hervorruft, einfach etwas beitragen.

Eine andere Zusammenstellung, die ebenfalls die Libido freiwerden läßt, ist eine Füllung aus

- gehackten Pilzen,
- Schalotten,
- Petersilie,
- Schinken
- und Brotkrumen.

Geben Sie diese Mischung

- in einen Topf mit Butter,
- ausgenommenen Sardellen
- und einem Schuß Öl,
- kochen Sie sie zehn Minuten lang,
- und binden Sie sie mit den Eidottern zweier roher Eier.
- Tomaten, die hiermit gefüllt werden, dürften zumindest kräftigen und anregen.

In welchem Ausmaß die Tomaten tatsächlich für die sich daraus ergebende Leistungssteigerung verantwortlich sind, bleibt allerdings für Mutmaßungen offen.

Es kann durchaus sein, daß der Ruf der Tomate als Aphrodisiakum ausschließlich auf ihrer Form und Farbe beruht.

7. Da der Anbau einfach ist, kann die ***Schalotte***, ein Kind Palästinas, auf dem Gelände um das Gewächshaus herum gezogen werden. Erst um die Mitte des sechzehnten Jahrhunderts kam die Schalotte hierher, aber schon viel früher war sie wahrscheinlich von den Griechen und sicherlich von den Römern als »effektive Feldfrucht« erkannt worden. In eine Aufzählung von Pflanzen mit aphrodisischen Eigenschaften, deren Wirksamkeit er offensichtlich skeptisch gegenübersteht, schließt Ovid *»die weißen Schalotten, von Megara gesandt«*[49] ein. Andrerseits müssen sich Schalotten von selbst dem Martial[50] eindringlich empfohlen haben, denn er erklärt kühn: *»Wenn das neid'sche Alter will lockern den Eheknoten, sollten Speis und Schmaus bestehen aus nichts als Schalotten.«*

Da Berichte einiger unserer älteren Bekannten Martials Ansicht bestätigen, glaubten wir, diese schätzenswerteste aller Gemüsesorten nicht übergehen zu dürfen. Sie wächst fast überall und bringt einen hohen Ernteertrag auf einer verhältnismäßig kleinen Fläche.

Erforderlich allein sind

- tiefes Graben,
- großzügiges Düngen,
- regelmäßiges Hacken
- und die Verwendung alten Rußes.

Wählen Sie gutgewachsene, mittelgroße Knollen aus,

- und stecken Sie sie, nachdem Sie irgendwelche losehängende Haut entfernt haben, Anfang Februar bis zu halber Höhe in den Boden.
- Setzen Sie sie in Reihen, die dreißig Zentimeter auseinanderliegen,
- und lassen Sie zwischen den Pflanzen gute fünfzehn Zentimeter frei.

Im Juli, wenn die Spitzen anfangen zu verwelken,

- können Sie die Klumpen auflesen
- und in der Sonne trocknen, indem Sie sie zwei-oder dreimal täglich wenden.
- Lagern Sie die Ernte in einem offenen trockenen Schuppen.

Da sie etwas milder sind als Zwiebeln, geben Schalotten eine gute Würze ab. Denken Sie auch daran, daß die festen Knollen der Echten Roten oder Gelben Sorge ausgezeichnet zum Einpökeln geeignet sind. Im Großen und Ganzen wird man herausfinden, daß Schalotten ein ausgezeichneter Ersatz für Zwiebeln sind.

In seinem Buch »De Re Cogninaria«[51] gibt Apicius verschiedene Feinschmeckerrezepte, zu denen Schalotten gehören, aber wir wagen zu behaupten, daß keines der »Sauce aux Echalottes« gleicht, die ein denkwürdiges Mahl begleitete, das wir einst in Bouillon in den belgischen Ardennen genossen. Denjenigen, die dasselbe Wohlbehagen verspüren wollen, wird geraten,

- einige Schalotten zu zerschneiden,
- sie leicht in Butter zu bräunen,
- und eine Messerspitze Mehl, etwas Fleischbrühe
- und einen Schuß Essig hinzuzufügen, sobald sie goldbraun sind.
- Streuen Sie reichlich Pfeffer darüber,
- und lassen Sie das Ganze gut zehn Minuten unter vorsichtigem Umrühren schwach kochen.

Diese Soße verleiht einem Mann bestimmt die besten Kräfte.

8. Der Ruf der ***Zwiebeln*** als Aphrodisiakum ist sagenhaft, und aus diesem Grunde haben wir ihnen viel Platz in unserem Garten reserviert.

In ihrer wilden Form kam die Zwiebel wahrscheinlich aus Zentralasien. Hinweise auf ihre umfassende Wirksamkeit als schmackhaftes und anregendes Gemüse können bis in die Zeiten der alten Ägypter zurückverfolgt werden.

In unserem Lande steht ihre Beliebtheit unter Gärtnern außer Zweifel, obwohl wir immer noch nicht in der Lage sind, unseren nationalen Bedarf zu decken. Es ist deshalb nicht mehr und nicht weniger als die Pflicht jedes Hausbesitzers, sich selbst zu versorgen.

In den Wintermonaten gehört

- gründliches Umgraben
- und nicht zu knappes Düngen zu den Vorbereitungen.

Im März dann, wenn der Boden und das Wetter es erlauben,

- legen Sie die Samenkörner gut einen Zentimeter tief
- und dreißig Zentimeter auseinander in die Furchen.
- Zum Schluß harken Sie die Oberfläche leicht über.

Sobald die Sämlinge sichtbar werden,

- fangen Sie mit dem Harken an.

Wenn der Himmel bewölkt ist,

- dünnen Sie die Pflanzen aus, bis sie in kleinen Gruppen
- im Abstand von zehn bis fünfzehn Zentimetern stehen. (Das Aussortierte ist für Salate geeignet.)

Es empfiehlt sich auch, die übriggebliebenen Pflanzen mit Erde zu bedecken, um einer Vernichtung durch die Zwiebelfliege[52] vorzubeugen. Auch erwies es sich als wirksam gegen diesen Schädling, entlang den Furchen Naphtalen[53] zu versprühen.

Im September

- brechen Sie alle Spitzen, die nicht von selbst abgefallen sind, unmittelbar am Hals ab.
- Heben Sie die Knollen etwas aus dem Boden, um weiteres Wachstum zu vermeiden,
- und schließlich ziehen Sie sie ganz heraus,
- legen sie, damit der Reifungsprozeß vervollständigt werden kann, auf die Seite.
- Später lagern Sie sie an einem kühlen, trockenen Platz.

Die Frühjahrslieferung sollte durch eine Herbstaussaat, vorzugsweise im August – man kann sie manchmal auch im Juli vornehmen – ergänzt werden. Den Anbau sollte man in derselben Reihenfolge vornehmen wie bei der Frühjahrsaussaat.

Für den Herbst sind die besten Sorten die Riesen-Zittau, die Riesen-Rocca und die Tripoli (weiß oder rot).

Ohne Zweifel wußten schon die alten Griechen den aphrodisischen Gehalt der Zwiebel zu schätzen. In ihrer Literatur finden sich häufig Hinweise auf die erotischen Gefühlserregungen, die sie hervorruft.

Von Alexis[54], einem Komödienschreiber des dritten Jahrhunderts v. Chr., und von Diphilus[55], der zu derselben Zeit Komödien verfaßte, wird sie gepriesen. Letzterer sagt, daß die Zwiebel *»nahrhaft, magenstärkend und reinigend«* sei und die *»Begierde«* ansporne.

Die Araber, die Zwiebeln

- mit Gewürzen kochen,
- schmoren sie in Öl,
- geben Eidotter dazu

und glauben, daß dieses Gericht, sofern es an aufeinanderfolgenden Tagen verspeist wird, ein hochwirksames Liebesmittel sei.

Scheich Nefzawi empfiehlt in seinem Buch »Der duftende Garten«[56] eine

- Brühe aus Zwiebelsaft und geschleudertem Honig.
- Diese Mischung wird erhitzt,
- bis sie die Zähflüssigkeit des Honigs erreicht hat.
- Nach dem Abkühlen werden Wasser und zerstoßene Kichererbsen hinzugefügt.

Der berühmte Erotologe muß das Gemisch für besonders wirksam, ja, gefährlich gehalten haben, denn er sagt, daß es kurz vorm Schlafengehen, bei kaltem Wetter und nur für einen Tag genommen werden sollte.

Komplizierte Zwiebelgerichte werden nicht behandelt, aber wenn der Aphrodisiaka-Züchter eine interessante Soupe á l'Oignon (Zwiebelsuppe), versuchen möchte, die nur wenig Vorbereitung verlangt, sollte er

- eine Handvoll Zwiebeln waschen
- und in Viertel zerschneiden.
- Lassen Sie sie eine Zeitlang leicht kochen,
- fügen Sie etwas Fleischbrühe
- und eine Scheibe Weißbrot hinzu,
- und lassen Sie das Ganze kochen, bis die Zwiebeln gar sind.
- Die entstandene Masse wird durchgesiebt
- und wieder aufs Feuer gestellt.

Lassen Sie die Suppe,

- nachdem Sie sie mit Pfeffer und Salz bestreut haben,
- drei Viertelstunden lang kochen.
- Gießen Sie sie über in Butter geröstete Toaststückchen,

und kosten Sie einen Teller voll. Nach der zweiten Portion überzeugen Sie ihre Frau davon, daß es Zeit ist, ins Bett zu gehen.

9. Es scheint so, daß die heutige ***Gartenerbse*** sich aus einer wildwachsenden Spielart Osteuropas oder Westasiens entwickelt hat.

Es gibt Beweise dafür, daß sie zur Zeit Heinrichs VIII. in England angebaut wurde, aber die Erbse jener Zeit war entschieden minderwertiger, was Größe und Geschmack betrifft. Obwohl es keine Berichte über ihre aphrodisische Macht im sechzehnten Jahrhundert gibt, deutet der Tenor der Literatur jener Epoche auf ein Zeitalter männlicher Männer und befriedigter Frauen hin.

Die Erbse des zwanzigsten Jahrhunderts, die in jeder Hinsicht größer und besser ist, hat sich immer wieder als ein Gemüse bewährt, das einem Mann hilft, sich zu behaupten. Es geziemt sich deshalb für ihn, sie rücksichtsvoll zu behandeln.

Das Mindeste, was er tun kann, ist,

- den Boden während der Wintermonate sorgfältig durchzuarbeiten.
- Furchen ziehen und gutes Düngen sollten auf der Tagesordnung stehen.
- Fügen Sie nicht zu wenig Knochenmehl und Holzkohle als Grundlage hinzu.
- Am sinnvollsten ist es, Sie packen die Aufgabe in kurzen täglichen Arbeitsausbrüchen an. Sie werden nicht eher ins Bett gehen wollen, als bis die Ernte reif ist.

Säen Sie die rundsamige Sorte Anfang Mai aus,

- nachdem Sie die Erdoberfläche leicht übergeharkt
- und gelockert haben.
- Wenn die Samen mit Paraffin[57] benetzt und mit Menning[58] bestreut werden, werden Vögel und Mäuse es bald lernen, sie in Ruhe zu lassen.

Denken Sie daran, daß Erbsen Platz brauchen, um gedeihen zu können,

- und legen Sie sie deshalb weit auseinander in flache Furchen.
- Hacken Sie die Reihen regelmäßig,

und wenn das Wetter trocken ist,

- ist regelmäßiges Begießen notwendig.

Sobald die Pflanzen acht oder zehn Zentimeter hoch sind, geben Sie ihnen den Halt, den sie wahrscheinlich nötig haben,

- indem Sie Haselreiser auf beiden Seiten der Furche in den Boden stecken.
- Streifen aus schwarzer Baumwolle, die Sie durch die Zweige winden, halten die Vögel gewöhnlich ab.
- Eine Lage Stroh oder Pferdedung

sollte den Weg für mittelspäte und späte Erbsen bereiten.

Schließlich sei darauf hingewiesen,

- daß Erbsen gepflückt werden sollten, sobald sie reif sind,
- und daß jede gereifte Schote geerntet werden muß.

Es ist ein weitverbreiteter Brauch, Gartenerbsen zu kochen und dann geradewegs zu essen, aber wenn der Züchter einen Teil zurücklegen möchte, kann er sie entweder einwecken oder trocknen und im Winter verwenden.

Ganz gleich ob er ihre aphrodisische Qualität im Sommer oder im Winter erprobt, wird er feststellen, daß sie Wunder wirken und ihrem Namen vielfach gerecht werden, wie beispielsweise das Kleine Wunder, der Telegraph, die Ganz Zufriedene und die Non Plus Ultra.

Einige Gerichte sind natürlich hervorragend wirksam, wie besonders das eine, das Nefzawi in seinem Buch »Der Duftende Garten« erwähnt:

- Grüne Bohnen,
- mit Zwiebeln gekocht
- und mit Ingwer, Kardamonen und Zimt bereichert.

Aber es muß bezweifelt werden, daß die exotischeren Rezepte eine entscheidende Verbesserung der köstlichen Erbsensuppe darstellen, welche die Franzosen seit Hunderten von Jahren inspiriert hat. Der große Vorteil dieses nahrhaften Gerichts ist seine Einfachheit. Jeder kann es machen:

- Schütten Sie einige große Erbsen in einen Topf mit Wasser,
- tun Sie ein paar in Scheiben geschnittene Zwiebeln dazu, die bereits in Butter gebräunt sind,
- etwas Sellerie,
- ein halbes Lorbeerblatt
- und eine Idee Thymian.

Wenn Sie die Erbsen gut gekocht haben,

- zerstoßen Sie sie zu Brei und geben sie durch ein Sieb.
- Fügen Sie dem Püree Wasser zu
- und bestreuen Sie es mit Salz.
- Kochen Sie die Suppe
- und gießen Sie sie über knusprige, in Butter geröstete Toastscheiben.

Der Feinschmecker wird natürlich

- noch ein Schweinsfüßchen hineinwerfen, als besondere Verfeinerung.

Eine großzügige Portion dieser Potage á la purée des Pois verts wird jeden davon überzeugen, daß die Leidenschaft ganz bestimmt mit einer Erbse anfängt.

Ein entsprechendes Gericht kann im Winter aus getrockneten Erbsen bereitet werden:

- Lassen Sie sie eine Nacht lang in frischem Regenwasser stehen,
- geben Sie sie dann in einen Topf mit kaltem Leitungswasser
- und setzen Sie ihn aufs Feuer.
- Danach folgen Sie dem Rezept für die Zubereitung der grünen Erbsensuppe (siehe oben).

Jede dieser beiden gehaltsreichen Zusammenstellungen erhöht das Begehren und verlängert die Leistungsfähigkeit garantiert.

Erbsensuppe mag wohl nicht denselben umfassenden Einfluß ausüben wie die Orchidee (die einen gewissen Proculus so durcheinanderbrachte, daß er in fünf Tagen hundert Frauen genoß[59]), aber sie hat doch ihre Kraftwirkungen. Obwohl der heutige Aphrodisiaka-Züchter nicht erwarten kann, mit Proculus gleichzuziehen, und sich wahrscheinlich schon glücklich schätzen würde, wenn er fünfzehn Frauen in hundert Tagen erfreuen könnte, kann er sich zumindest vor einer Begegnung stärken. Er wird im Pisum Sativum[60] einen mannhaften Verbündeten finden.

10. Es ist ein interessanter Zug der ***Karotte***, daß die verschiedenen Sorten faszinierende Namen haben. Es gibt den Pariser Zwinger, den Langen Roten Jagdwagen, das Kurze Horn und das Französische Horn. Sie alle stammen von der wilden Karotte ab, die noch heute in den ländlichen Gebieten Englands und in vielen Gegenden Südeuropas gedeiht.

Nach dem Spanier Juan Ruiz, der das »Buch der rechten Liebe«[61] verfaßte, wurde die Karotte zusammen mit zahlreichen anderen sexuellen Stimulantien von den Experten erotischer Praktiken, den Arabern, in Europa eingeführt.

Ein Eintopfgericht von Karotten in Milchsoße wird in verschiedenen orientalischen Handbüchern als Liebesmittel empfohlen.

Die Griechen, die seit eh und je den einen Ausdruck dafür hatten, nannten die Karotte *philteon* und wandten sie als Heilmittel in Liebesnöten an. Vielleicht zog die Karotte wie die Gurke die Aufmerksamkeit zuerst wegen ihrer Form auf sich. Sie kann durchaus in längstvergessenen phallischen Riten eine Rolle gespielt haben.

Als Aphrodisiakum steht sie wahrscheinlich über der Tomate, aber unter der Zwiebel und dem Sellerie.

Karotten können

- ✿ auf jedem gepflegten Gartenboden gezogen werden,
- ✿ obwohl sie in tiefem sandigem Lehm am besten gedeihen.
- ✿ Im Winter sollte fleißig umgegraben werden, um den Boden vorzubereiten.

Frost und Wind werden die Erdklumpen zerbrechen.

- ✿ Nehmen Sie von natürlichem Dünger Abstand.

Er könnte die Wurzeln veranlassen sich zu spalten.

Frühkarotten

- sollten im März gesät werden, außer wenn der Boden fest und schwer zu bearbeiten ist.

Es ist tatsächlich besser, auf günstigeres Wetter zu warten, wenn die Erde an den Gartengeräten hängenbleibt oder es bedrohlich regnet.

- Säen Sie in zehn Zentimeter auseinanderliegenden Rillen, aber denken Sie daran, daß Sie, wenn Sie im April die Hauptsaat auslegen,
- einen Mindestabstand von dreißig Zentimetern zwischen den Rillen lassen, je nach Art der Karotten.

Eine dritte Aussaat im Juli wird dem Anpflanzer Gewähr dafür bieten, daß er genug junge Wurzeln hat, um gut über den Herbst und Winter zu kommen.

Allgemein gelten für den Anbau zwei Faustregeln:

1. Hacken Sie im Sommer regelmäßig zwischen den Reihen und achten Sie bei trockenem Wetter darauf, daß die Sämlinge sorgfältig begossen werden. Es ist nützlich, die Erde um die Pflanzenhöhe zu häufen, um Grünfärbung vorzubeugen.
2. Bringen Sie die Haupternte Anfang Oktober ein, schneiden Sie die Blätter nahe den Wurzeln ab und lagern Sie die Karotten an einem kühlen Platz, der vor Winterfrösten geschützt ist, in trockenem Sand oder trockener Erde.

Abgesehen von ihrer Brauchbarkeit als Kochgemüse, stellen Karotten schmackhafte Beigaben zu Suppen oder Soßen dar. Wir müssen gestehen, daß wir gekochte Karotten, wie sie im Durchschnittsrestaurant zubereitet und serviert werden, niemals als besonders anregend empfunden haben, weder als Speise an sich, noch als Anreiz zum Geschlechtsverkehr. Andrerseits fördern Karotten, auf alteuropäische Art zubereitet, sicherlich das Begehren.

Das Rezept ist ganz einfach:

- Nachdem Sie nur kurze und sehr rote Karotten ausgesucht haben,
- schälen Sie sie,

- schneiden Sie sie in Stücke, ungefähr fingerdick und zwei bis drei Zentimeter lang,
- fügen Sie dann Fleischbrühe,
- nicht zu viel Salz,
- ein wenig gekochte Zwiebel
- und ein Stückchen Butter hinzu.
- Lassen Sie das Ganze kochen, bis fast keine Soße mehr übriggeblieben ist.

Versuchen Sie eine große Portion und dann – nun, rufen Sie Priapus[62] an und machen Sie sich eilig an Ihre Aufgabe. Die Zeichen stehen günstig, die Lebenssäfte quellen, und der Steinbock ist im Steigen begriffen.

11. Die Beliebtheit des ***Radieschens*** als Gemüse geht bis auf die Tage der alten Ägypter und Griechen zurück. Im fünften Jahrhundert v. Chr. hatten erstere ein Aphrodisiakum aus Radieschen und Honig zusammengebraut. Einige Kommentatoren glauben, daß Heliodor sich auf ein Radieschengericht bezieht, das bei einer Hochzeitsfeier aufgetragen wurde, wenn er schreibt: *»Große Taten verlangen große Vorbereitungen.«*[63]

Das Radieschen hatte unsere Gegend bestimmt im sechzehnten Jahrhundert erreicht, denn 1540 wurde das Buch »Raparum Encomium« (»Lobpreis der Radieschen«) von Claude Bigothier[64] in lateinischer Sprache veröffentlicht. Außerdem beschreibt John Gerard[65], ein berühmter Pflanzenkenner, den Anbau des Radieschens zur Zeit Königin Elisabeths I.

Schon in jenen Tagen wurden die aphrodisischen Eigenschaften dieses Gemüses gelobt, obgleich die Radieschen jener Zeit zäh und geschmacklos waren, wenn man sie mit den heutigen vergleicht.

Die besten Radieschen, die knusprig und süß sein sollten,

- müssen schnell in warmem, fruchtbaren Boden herangezogen werden.

Radieschen, die sich auf einen Kampf ums Dasein einlassen müssen, werden scharf, strohig und unansehnlich.

- Geben Sie ihnen einen Boden, der nicht klumpig ist, und wenn Sie ihn vorbereiten,
- bereichern Sie ihn mit Fischdünger und feuchtem Gartentorf.
- Legen Sie den Samen spärlich in Abständen von fünfzehn Zentimetern in flache Rillen.
- Wenn die erste Aussaat im Dezember erfolgt ist, achten Sie darauf, daß das Beet durch Stroh geschützt ist, bis der Samen keimt.
- Schon drei Wochen später dürften Sie die Früchte ernten können.

Eine zweite Aussaat sollte im Februar erfolgen,

- und von Anfang März bis Anfang September sollte ein vierzehntägiger Aussaatplan erfüllt werden, mit dem Zusatz,
- daß die Sommersaaten in einen tief gegrabenen Boden mit Blickrichtung nach Norden erfolgen sollten.

Wenn der Boden zu flach ist, besteht die Wahrscheinlichkeit, daß die Radieschensamen zu rasch keimen.

Normalerweise werden Radieschen entweder im Ganzen mit Salz gegessen, oder sie werden in Scheiben geschnitten und Salaten zugefügt. In seinem bereits erwähnten Buch »De re coquinaria« versichert Apicius, daß sie einen wohltätigen Einfluß auf sexuell träge Naturen ausüben.

Wenn also das nächste Mal irgendeine Cressida der bekannten Klage Ausdruck verleiht, daß *»alle Liebhaber schwören, mehr zu leisten, als ihnen möglich ist, und dennoch Kräfte zurückzubehalten, die sie niemals verbrauchten; daß sie geloben, mehr als zehn auszuführen, und doch kaum den zehnten Teil von dem zustandebringen, was einer vermag«*[66], dann wissen Sie, wie dem auf einfache Weise abzuhelfen ist. Kauen Sie zwei oder drei Dutzend Radieschen, und strafen Sie sie dann Lügen.

12. Als Gemüse und Aphrodisiakum bei unseren Vorfahren bekannt, ist der ***Spargel*** von vielen Gärtnern deshalb vernachlässigt worden, weil der Anbau angeblich kostspielig und schwierig sein soll. Es stimmt, daß man drei Jahre warten muß, bis die Spargelbeete reifen, aber der geduldige Kultivator wird mehr als belohnt werden, wenn die Ernte einmal anfängt, denn er hat dann zwanzig Jahre oder mehr vor sich, in denen ihm köstliche und anregende Spargelgerichte zur Verfügung stehen. Während der harten Jahre der Vorbereitung kann er sich immer mit dem Gedanken trösten, daß er letzten Endes in der Lage sein wird, in einem der vornehmsten Aphrodisiaka zu schwelgen: gekochtem Spargel mit zerlassener Butter, hat gekochten Eiern und feingehackter Petersilie.

Die Anmerkung ist vielleicht nicht unangebracht, daß der wichtigste Schritt im Spargelanbau die Anlage des Beetes ist:

- ✿ Gleich am Anfang greifen Sie jedes Dauerunkraut an.
- ✿ Im Herbst oder Anfang des Winters markieren Sie die Beete, neunzig oder einhundertundzwanzig Zentimeter breit,
- ✿ und graben sie neunzig Zentimeter tief um.
- ✿ Eine Schicht bebrannter Erde wird für Wärme sorgen und die Wasserzufuhr verbessern,
- ✿ während der Boden aus gutem Stalldung Nutzen ziehen wird.

Harken Sie das Beet im April oder Anfang Mai über, bevor sie

- ✿ die Pflanzen einsetzen,
- ✿ und zwar eine Reihe mitten auf den Graben und je eine andere Reihe dreißig Zentimeter davon entfernt aut jede Seite.
- ✿ Die jungen Wurzeln sollten mindestens dreißig Zentimeter auseinanderstehen.
- ✿ Nach dem Einpflanzen sollten die obersten Enden ungefähr sechs oder acht Zentimeter unter der Oberfläche des Bodens sein.
- ✿ Streuen Sie eine leichte Schicht natürlichen Düngers oder Kompostes obenauf, und
- ✿ dann forken Sie die Erde zu beiden Seiten des Grabens auf.
- ✿ Schaufeln fünf oder acht Zentimeter feinen Sand aufs Beet.

Obwohl sich innerhalb des ersten Jahres ein erstaunliches Wachstum feststellen läßt, dürfen Sie die Stengel keinesfalls vor dem zweiten Jahr abschneiden:

- ✿ Stutzen Sie die Spitzen im Spätherbst, bevor die Beeren abfallen.

In windigen Gegenden empfiehlt es sich auch,

- die zarten Stämmchen mit Bambusschößlingen abzustützen.
- Häufen Sie im Februar oder im März, wenn Sie im Norden leben, die Erde auf,
- und bedecken Sie die Kronen mit mehr Erde, wenn sie an Größe zunehmen.

Gewöhnlich erntet man, wenn die Pflanzen drei Jahre alt sind, aber niemals später als Juni:

- Die Spargelstangen sollten gleich unter der Oberfläche abgeschnitten werden.
- Man muß dabei aufpassen, daß man die neuen Schößlinge nicht beschädigt.

Wenn es ans Spargelessen geht, konzentrieren Sie sich in erster Linie auf die jungen Stangen. Sie sind sowohl allein gekocht als auch in Salaten nahrhaft, und wenn wir Apicius folgen wollen, machen sie ihrem phallischen Aussehen alle Ehre. Seit Hunderten von Jahren gehören sie zu den Zutaten verschiedener Liebesgetränke, besonders zu denjenigen, die in den Liebesabhandlungen der Hindus empfohlen werden. Ein bemerkenswertes indisches Rezept verlangt:

- Spargel,
- Gurken,
- Kanta-Gokhru,
- Lechi
- und Kuilipuder,
- mit Milch vermischt.

Da dieses besondere Gebräu verlorene Stärke garantiert kräftigt und zurückruft, mögen es einige für die Mühe wert halten, Kauta-Gokhru, Lechi und Kuilipulver einzuführen ...

Der Aphrodisiaka-Liebhaber, der seinen Spargel ausprobieren möchte, ohne sich gleich so weit vorzuwagen, könnte Schlimmeres tun, als die Wirkung eines Gerichtes auszuprobieren, das Madame de Pompadour für anregend hielt.

Nachdem wir einige Verfeinerungen, die nicht unbedingt erforderlich sind, gestrichen haben, sind die grundlegenden Elemente des Rezeptes für Spargel Pompadour folgende:

- Man richte die Spargelstangen her
- und koche sie auf gewöhnliche Weise, indem man sie in heißes Wasser wirft.
- Man schneide sie schräg, in Richtung auf die Spitzen hin, in Stücke, die nicht größer sein sollten als der kleine Finger.
- Man wähle nur die zartesten Teile aus
- und lasse sie, indem man sie warmhält, trocknen,

während dessen die Soße auf folgende Weise bereitet wird:

- Man knete zehn Gramm Mehl in einen Klumpen Butter,
- füge Salz hinzu,
- eine gute Prise gemahlene Muskatnuß
- und die zwei Eidotter,
- die man mit vier Löffeln mit Zitronensaft gesäuertem Wasser verdünnt hat.

Nachdem man diese Soße gekocht hat,

- werfe man die Spargelspitzen hinein
- und trage sie in einer bedeckten Kasserolle auf.

Diejenigen, die dieses Gericht zwischen dem Braten und dem Dessert genießen, werden gerne zugeben, daß seine Nachwirkungen sensationell sind. Die lange Anbauzeit und all das schwere Graben werden mit einem Schlag vergessen sein.

Und schließlich und endlich ist für die nächsten Jahre ein regelmäßiger Vorrat an Spargel verfügbar, Mut für die Vereinigung zu wecken – eine ansehnliche Belohnung für die verausgabte Zeit und Mühe.

13. Seit Hunderten von Jahren sind die medizinischen Eigenschaften des ***Kohles*** bekannt, und alte Pflanzenkenner haben sein Lob oft und lange ausgesprochen. Aus dem wildwachsenden Kohl hervorgegangen, der oft als Beigabe zu aphrodisischen Präparaten verwendet wurde, hat der Gartenkohl an Beliebtheit nichts eingebüßt. Als ein »Pflück-mich-das-ganze-Jahr-hindurch« muß der Kohl in jeden Plan, effektives Gemüse zu ziehen, aufgenommen werden.

Frühjahrskohl wächst am besten in einem Boden,

- der tief umgegraben
- und ausgiebigst gedüngt wurde.

- Harken Sie den Boden, am besten gegen Ende Juli, lose über, ehe Sie pflanzen.
- Säen Sie dünn,
- und wenn Sie die Pflanzen im September an ihre festen Plätze setzen, lassen Sie zwischen ihnen vierzig Zentimeter frei.
- Bei Wintereinbruch häufen Sie etwas Erde rund um die Pflanzen,
- und danach ist nur noch ein gelegentliches Hacken nötig, um Unkraut zu entfernen.

Wenn die Kohlköpfe im März noch nicht genug entwickelt sein sollten,

- kann ihnen durch einen Teelöffel Sodanitrat (Natriumnitrat) pro Pflanze etwas nachgeholfen werden.

Für Sommerkohl

- säen Sie entweder im März im Freien oder im Februar in einem Saatbeet.
- Danach sollten weitere Aussaaten in vierzehntägigen Zwischenräumen vorgenommen werden.
- Natürlicher Dünger oder Kompostgaben und chilenische Pottasche sollten während der Wachstumszeit bevorzugt verwendet werden.

Der Samen für Herbstkohl

- sollte Anfang März ausgesät werden,
- in erster Linie in mit Glas bedeckten Kästen.
- Wenn sie ins Freie umgepflanzt werden, sollten den Pflanzen mehr oder weniger dieselbe Behandlung zukommen wie dem Frühjahrskohl (siehe oben).

Hierzulande wird der Kohl fast ausschließlich gekocht und ist zweifellos heute genauso anregend wie er es war, als Apicius in seinem »De re coquinaria« für seine Liebeswirkung bürgte.

Als etwas phantasievollere Kohlzubereitung jedoch schlagen wir Choux verts frisés á la flammande (Flämischer Grünkohl) vor, ein bei weitem schmackhafteres und schneller wirkendes Gericht, das die besondere Zubereitung wert ist.

Um diese belgische Spezialität zuzubereiten,

- sollte Ihre Frau zuerst einen Kohlkopf in Salzwasser kochen,
- ihn abkühlen lassen und abtrocknen.
- Dann ihn feinschneiden
- und in eine Kasserolle legen,
- wobei sie Butter, Pfeffer, Salz und geschabte Muskatnuß hinzufügt.
- Zum Schluß muß sie eine halbe Tasse voll heißer Milch hineinschütten
- und das Ganze eine Viertelstunde lang schmoren lassen.

Nachdem Sie einen Teller davon, mit einem Stückchen Butter obendrauf, gegessen haben, gratulieren Sie Ihrer Frau zu ihrer Leistung. Nach einem zweiten Teller wird sie Ihnen für die Ihrige danken ...

14. Sein hoher Eisengehalt macht den ***Spinat*** zu einem der wirkungsvollsten Liebesmittel. Wohl deshalb, weil er nicht zu schwierig zu ziehen und zu fast jeder Jahreszeit zur Verfügung stehen kann, ist dieses gesunde Gemüse seit langem bei Gärtnern beliebt.

Schon vorher oft als Bestandteil von Liebestrünken erwähnt, kam die Pflanze über Nacht zu hohem Ansehen, und zwar durch einen Comic, der die Abenteuer eines sagenhaften Seemannes namens »Glotzauge«[67] zeigte. In jeder dieser kurzen Serienfolgen befindet sich Glotzauge in einer gefährlichen Lage, in der eine Rettung unmöglich scheint. Irgendwie aber kommt der Held in den Besitz einer Dose Spinat. Nachdem er den Inhalt hinuntergeschlungen hat, entwickelt er sich sofort in eine Art Superman, der über unglaubliche Kräfte verfügt. Aber das Hauptgewicht ist nicht nur auf körperliche Tüchtigkeit gelegt. Wenn er seine Feinde windelweich geschlagen hat, gewinnt Glotzauge immer das Herz des Mädchens Olive Oyl.

Obwohl sie verschlüsselt dargestellt ist, läßt sich die Bedeutung der Geschichte ohne weiteres ablesen: Spinat wird als machtvolles Aphrodisiakum gezeigt.

Es ist Zeitverschwendung, Spinat auf ärmlichem Boden ziehen zu wollen, denn er würde schnell in Samen schießen, besonders wenn er im Frühjahr gesät wurde. Nichtsdestoweniger wird diese widerstandsfähige Pflanze an fast allen anderen Stellen wachsen, und vorausgesetzt,

- daß der Boden mit natürlichem Dünger
- und zusätzlich einer Mischung von Knochenmehl und Fischdünger angereichert wurde,

wird er sicherlich gedeihen.

Um einen ständigen Vorrat zu haben, sollte man Sommerspinat

- alle vierzehn Tage einmal aussäen (womit man Anfang März beginnt),
- beim Wachsen mit einer Auflage von chilenischem Pottaschenitrat behandeln,
- regelmäßig gießen,
- und dann eifrig rupfen,
- wobei nur die jüngsten Innenblätter stehenbleiben sollten,

und Winterspinat

- von Anfang August bis Anfang September gesät wird,
- die Sorte sehr wahrscheinlich geschützt werden muss,
- sich Stroh oder Farnkraut (über und zwischen die Reihen gelegt) ausgezeichnet eignen,
- und beim Rupfen nur die gößten Blätter genommen werden.

Wie bei den Karotten, haben einige Spinatspielarten erstaunlich angemessene Namen, wie der dauerhafte Riesen-Salatblättrige, der Ungeheure Mannesschinder und der widerstandsfähige Humperdincks Neuer Spitzer. Alle sind reich an Vitaminen, und ihre stärkenden Eigenschaften sind über jeden Zweifel erhaben. Es ist von Bedeutung, daß Monsieur Mirobolant in Thackerays »Pendennis«[68] es für angebracht hielt, bei der Zubereitung eines besonderen Festschmauses für Blanche das geröstete Lamm *»in einer Spinatwiese«* servieren zu lassen.

Diejenigen, die von den schlimmen Folgen der unappetitlich sumpfig-grünen Masse, die in vielen Gasthäusern als Spinat angeboten wird, enttäuscht wurden, sollten sich mit folgendem stark-aphrodisischen Präparat vertraut machen:

- Nachdem man den Spinat gewaschen hat,
- wird er mit einer guten Prise Salz in kochendes Wasser getan,
- worin er gleichmäßig kochen muß.
  (Bei jungem Spinat genügt es, das kochende Wasser darüberzugießen, älterer aber sollte vier Minuten lang kochen.)
- Dann nehme man den Spinat aus dem Topf,
- lasse das heiße Wasser abtropfen
- und werfe ihn unverzüglich in eine Schüssel mit kaltem Wasser.
- Wenn der Spinat abgekühlt ist, lasse man die Flüssigkeit abträufeln,
- und man drücke die Blätter zusammen, um sie so trocken wie möglich zu bekommen.
  (Alter Spinat sollte durchgesiebt werden, jungen aber sollte man feinhacken.)
- Man füge eine Prise Mehl und ein nicht zu kleines Stück Butter hinzu,
- rühre die Mischung gut durch
- und erhitze sie in einer Pfanne.
- Ein wenig mit Salz und Pfeffer gewürzte Milch gieße man darüber.
- Fünf Minuten kochen lassen
- und mit gerösteten Brotkanten servieren.

Derart zubereiteter Spinat ruft unter Garantie erotische Äußerungen hervor. Amulett und Talisman sind nicht nötig. Auch sind keine magischen Beschwörungen der Venus erforderlich. Eine reichliche Portion richtig gekochten Spinates schlägt alle Marken-Stimulantien wie Vigor[69], Samson[70], Stimulol[71], Testogan[72], Fakir-Dragees[73] und andere.

Von allen effektiven Pflanzen im Garten ist keine so beglückend provozierend wie der Spinat.

Schatzkästlein heimlicher Hausfreuden: Der Blumen-kasten

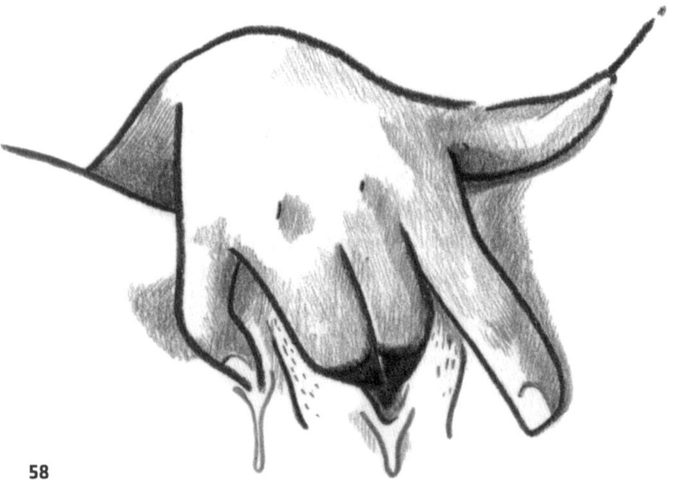

Wer draußen im Grünen wohnt und ein Haus mit einem Fleckchen Land dahinter sein Eigen nennt, kann sich natürlich selber reichlich mit Aphrodisiaka eindecken. Aber wie steht's mit dem Mieter in der Stadt, der auch nicht die geringste Möglichkeit hat, sich als Gärtner zu betätigen? Muß er aus dem Kreis der Glücklichen ausgeschlossen bleiben, nur weil er freiwillig (oder gezwungenermaßen) zusammen mit anderen Mietparteien ein Gebäude bewohnt, das nicht von Mutter Erde, sondern von Beton, Asphalt oder Pflaster umgeben ist? Soll er auf die Befriedigung und das Vergnügen verzichten, die einem der Anbau eigener »effektiver Gewächse« bereitet?

Glücklicherweise ist die Antwort auf all diese Fragen ein entschiedenes Nein, denn Versuche haben gezeigt, daß man schon in dem kleinsten aller Gärten, dem Blumenkasten, Erstaunliches erreichen kann. Allerdings darf der Inhaber einer Mietwohnung nicht erwarten, daß er auch nur annähernd eine solche Menge und Vielfalt aphrodisischer Pflanzen anbauen kann wie der Besitzer eines 600 qm großen Grundstückes; doch wenn er sich nur ein wenig Mühe gibt, wird er über eine verblüffend hohe Zahl anregender Kräuter und Gemüsesorten verfügen können. Richtig angepackt, und er hat unermeßliche Schätze auf engstem Raum.

Wir wollen nun von einer Wohnung ausgehen, die aus Wohnzimmer, Schlafzimmer und Küche besteht, und einen Plan vorlegen, der mindestens drei mittelgroße Fenster vorsieht, jedoch den besonderen Umständen entsprechend abgewandelt oder erweitert werden kann.

Sogar ein einziger Fensterkasten vermag eine sinnvolle Pflanzenauswahl aufzunehmen, so daß auch derjenige nicht zu verzweifeln braucht, der nur ein möbliertes Zimmer gemietet hat. Auch er kann die Vorzüge der aphrodisischen Küche genießen.

Zunächst gilt es, die Fensterbänke genau auszumessen. Im Überschwang der ersten Begeisterung geschieht es jedoch leicht, daß die Kästen zu lang geraten. Des weiteren unterläuft Anfängern gerne der Fehler, die Kästen zu hoch zu bauen, so daß die Zimmer etwas an Helligkeit verlieren.

Hatte doch in der Tat einer unserer Freunde, der in den Aphrodisiaka die einzige Lösung all seiner sexuellen Probleme sieht, ein Holzgestell zurechtgezimmert, das vier Kästen übereinander enthielt. Aber erst als er es draußen an seinem Herrenzimmerfenster angebracht hatte, entdeckte er, daß der Raum dadurch fast völlig verdunkelt worden war.

So sollte denn der geeignete Blumenkasten
- ✿ einige Zentimeter kürzer sein als das Sims,
- ✿ die gleiche Breite aufweisen
- ✿ und eine Höhe von 15 cm nicht übersteigen.

Um der Dauer und Haltbarkeit willen ist es ratsam,
- ✿ nur gutgetrocknetes Eichen- oder Teakholz
- ✿ von etwa 2 cm Stärke zu verwenden,
- ✿ doch kommt man zur Not auch mit einem Karton oder einer Eierkiste aus.

Ist der Kasten fertig,
- ✿ besprühen Sie ihn innen mit Wachs
- ✿ und zünden es mit einem Streichholz an.
- ✿ Sobald das Wachs auf der Oberfläche verbrannt ist, ersticken Sie die Flammen durch Umdrehen des Kastens. Selbstverständlich muß dieses Auskohlen im Freien erfolgen.

Bevor man nun aber den Kasten außen streicht,
- ✿ sollte man getrost einmal einen Blick auf die gesamte Front des Häuserblocks werfen, um sich zu vergewissern, daß die gewählte Farbe auch mit dem übrigen Gebäude übereinstimmt.

Wer von solchen Vorbereitungen absieht, muß mit empfindlichen Rückschlägen rechnen.

Wir erinnern nur an jenen Vorfall während des Ersten Weltkrieges, als ein Mann im Erdgeschoß eines Mietshauses seinen roten Blumenkasten auf seine Fensterbank stellte. Hätte er nicht die Mühe eines Farbvergleichs gescheut, würde er bemerkt haben, daß die Kästen im ersten und zweiten Stock genau darüber grün bzw. weiß gestrichen waren. Die Folge: alle drei Fenster wurden durch Ziegelsteine zertrümmert. Wie sich herausstellte, hatte ein Exilserbe, der im Haus gegenüber wohnte, die ungeschickte Farbkombination als eine pro-bulgarische Demonstration aufgefaßt.

Nachdem Sie sich also vergewissert haben, daß sich der Kasten harmonisch in seine Umgebung einfügt,

- bohren Sie in seinen Boden Löcher von 1 cm Durchmesser
- in Abständen von etwa 10 cm, damit die erforderliche Entwässerung und Belüftung gewährleistet ist.
- Dann nageln Sie kleine Holzkeile an die Unterseite, so daß zwischen ihr und dem Fenstersims ein lichter Abstand entsteht und der Kasten waagerecht aufliegt.
- Diese Keile müssen so hoch sein, daß man eine flache Wanne unter den Kasten schieben kann, um überflüssiges Wasser aufzufangen.
- In die beiden Seitenflächen des Kastens schrauben Sie Metallhaken ein, die in entsprechenden Ösen an der Wand einrasten und so den Kasten vor dem Verrutschen bewahren.

Befindet sich der Kasten an Ort und Stelle, so taucht als nächstes die Frage auf, wie und womit man ihn anfüllt:

- Einige Fensterbankgärtner raten zu einer Schicht gröberen Materials auf dem Boden und einer Schicht Torf-Kultur-Substrat[74] darüber, doch erzielt man die besten Ergebnisse nur dann, wenn man von drei Schichten ausgeht.
- Zur Abdeckung der Belüftungslöcher verwenden Sie gewölbte Topfscherben oder Austernschalen.
- Die zweite Schicht sollte aus Torf, vermodertem Laub und verfaultem Stroh bestehen.
- Darüber streuen Sie Lehmerde bis etwa 2 cm unter den Rand. (Für einen Blumenkasten durchschnittlicher Größe dürfte ein handelsüblicher Eimer voll genügen.)
- Da regelmäßiges Gießen unerläßlich ist, sollten Sie sich eine Kanne mit enger Tülle besorgen, auf die Sie, zur Benetzung trockener und staubiger Blätter, einen Brausekopf stecken können.

Stehen einem drei solcher Kästen zur Verfügung, so will überlegt sein, welche Pflanzen man ziehen soll und wo man sie sät. Auf jeden Fall haben wir uns auf solche Kräuter und Gemüsesorten zu beschränken, die nicht zu groß werden und so andere Pflanzen allmählich überwuchern. Des weiteren müssen die von uns vorgeschlagenen Pflanzen wenigstens zwei Grundbedingungen erfüllen:

1. Sie müssen auch auf begrenztem Raum gedeihen und
2. eine aphrodisische Wirkung haben.

15. Die Auswahl an ***Kräutern*** ist groß. Von den bekannteren Aphrodisiaka stehen uns – alphabetisch geordnet – zur Verfügung:

Basilikum (läßt sich nur schwer anbauen, doch lohnt es sich, dabei zu bleiben),
Estragon (für den Feinschmecker),
Kerbel (reinigend und erfrischend),
Knoblauch (belebend und anregend),
Minze (zum Würzen geeignet),
Petersilie (»wächst den Bösen nur und nicht den Biedermännern«),
Salbei (stärkt die Spannkraft),
Schnittlauch (riecht nach Zwiebeln, doch nicht so penetrant)
Thymian (»ein bemerkenswertes Venus-Kraut«).

Sie alle gedeihen auch in Blumenkästen, und deshalb schlagen wir vor, daß der Kasten am Küchenfenster

- in einzelne Abschnitte unterteilt wird, die, sagen wir einmal,
- ein gewinnbringendes Quintett aus Knoblauch, Minze, Petersilie, Schnittlauch und Thymian enthalten könnten.

Schnittlauch

- sät man am besten im März aus.

Entweder ganz oder feingehackt, stellen die 20-25 cm langen Stengel eine kräftige Bereicherung von Salaten dar und verleihen Suppen sowie Eierspeisen einen angenehm scharfen Geschmack. Da Schnittlauch milder und frischer ist als Zwiebeln, macht er Garnelensalate, Frikadellen, Omelettes und gekochtes Huhn noch schmackhafter.

Vom rein aphrodisischen Standpunkt aus betrachtet, besitzt er viele gute Eigenschaften der Zwiebel, aber er ist auf keinen Fall genauso wirkungsvoll.

Hühnerbrühe mit Schnittlauch, Eidottern und gehackten Mandeln ist ein anregender Nachttrunk.

Knoblauchzwiebeln,

- die im Februar oder Anfang März gesteckt wurden, dürften im August oder September auszuziehen sein.

Knoblauch, dieses beißende Glied der Familie der Liliengewächse, gehört zu den wirksamsten Aphrodisiaka und hat viele medizinisch wertvolle Eigenschaften: Leute, die regelmäßig Knoblauch essen,

- werden selten von Verdauungsstörungen geplagt, und, wie man hört,
- soll der Knoblauch auch Erkältungen vorbeugen
- und verschiedene Atmungsbeschwerden erleichtern.

Ärgerlich am Knoblauch ist, daß sein durchdringender Geruch sich lange im Atem bemerkbar macht. Wie Harrington in seinem Buch »Doppelhändler«[75] sagt, läßt Knoblauch die Männer *»zwinkern und trinken und stinken«*. Er kitzelt die Wollust des Mannes heraus, aber wenn nicht auch die Frau Knoblauch gegessen hat, ist es schwer für sie, von ganzem Herzen bei der Sache zu sein.

Deshalb sollte jedes Gericht mit Knoblauch-Geschmack von beiden Partnern gegessen werden, so daß ihre Liebesausdünstungen einander neutralisieren.

Knoblauch mag seine Kritiker haben, selbst in den Balkanländern, aber niemand kann behaupten, daß er als Aphrodisiakum schlechter als gar nichts sei.

Schon die alten Griechen hatten mit ihm Erfolg, römische Verführer verließen sich ebenfalls auf ihn, orientalische Erotologen geraten über ihn in Ekstase. Alle Belege deuten darauf hin, daß Knoblauch Leidenschaft erzeugt; er ist der Liebe dienlich, steigert das Leistungsvermögen und wiedererweckt sogar verlorene Begierden. *»Seine Hitze«*, schrieb der Pflanzenkenner Kelpfefer, *»ist groß«*[76]. Der Zwerg Nano in Jonsons[77] Volpone, der ein Aphrodisiakum preist, singt folgendes Lied:

Willst du lange leben,
mußt du einen Ruck dir geben,
und nicht schnell vorüberlaufen,
sondern dieses Öl hier kaufen.
Willst du bleiben schön und jung?
Mit Zähnen weiß und roter Zung?
Mit hartem Gaumen, hellem Ohr?
Mit reinem Hals- und Nasenrohr?
Mit scharfen Augen, leichtem Gang?
Mit Lust zum Wein und frohem Sang?
Willst du kein Gebrechen kennen?
Dich mit Erfolg beim Weib enthemmen?
Willst du allen Schmerz vertreiben?
Hier ist das Mittel für deine Leiden!

Obwohl die Bestandteile dieses Liebestrankes im Text nicht angegeben werden, bestätigen mehrere Kommentatoren, besonders Malone[78] und Mommsen[79], vertrauensvoll, daß innere Beweise auf eine stark knoblauchhaltige Zusammenstellung hindeuten.

Wenn deshalb Ihre erste Knoblauchernte fällig ist,

- trennen Sie die Nebenzwiebeln ab,
- hacken sie fein
- und streuen sie mit Fingerspitzengefühl über den nächsten Lammbraten, bevor Sie ihn in den Ofen schieben.

Wenn Sie nach dem Essen nicht das Bedürfnis verspüren, so zu handeln, wie Ihre Verehrte es wünscht,

- dann nehmen Sie Ihre Blumenkästen herunter,
- binden sie mit einem Band zusammen,
- und versenken Sie sie in das tiefe dunkle Meer.

Aphrodisiaka sind dann offensichtlich nicht Ihr Fall.

Minze

- wächst aus Wurzelstücken, die sehr früh im März in feuchten Boden gepflanzt
- und regelmäßig begossen werden sollten.

Im Herbst werden die Pflanzen ungefähr dreißig Zentimeter hoch sein.

- ✿ Schneiden Sie die Stiele ab,
- ✿ und hängen Sie sie gebündelt in einen kühlen, trockenen Winkel in der Küche.

Als aromatische Pflanze, die vor allem zum Würzen gebraucht wurde, kam die Minze ursprünglich aus Ländern, die vom Mittelmeer bespült werden, aber nachdem sie von den Römern nach Europa gebracht worden war, nahm sie bald einen festen Platz in Deutschland ein, und ihre Beliebtheit ist heute besonders in Niedersachsen und Hessen sehr groß.

Ein Liebesmittel, regt sie gleichzeitig den Appetit an.

Die Griechen und Römer verwendeten sie im allgemeinen als Belebungsmittel. Es gibt ein Sprichwort, daß schon der Duft der Minze genügt, *»die Lebensgeister aufzuwecken und die Sinne zu gierigem Liebesverlangen«.*

Trotz der bedeutsamen Folgen sind die Meinungen der Fachleute über die Minze als Aphrodisiakum jedoch geteilt. Tatsächlich vertritt einer von ihnen den Standpunkt, daß getrocknete Minze den Geschlechtstrieb vermindere. Unserer Meinung nach ist Minze allein für den Mann, der sexuelle Befriedigung sucht, nicht besonders anregend, aber sie hilft ihm, das zu verdauen, was sich sehr wohl als anregendes Mahl herausstellen könnte. Lamm, neue Kartoffeln und frische Erbsen können für sich allein ein todlangweiliges Gericht sein. Durch Minzensoße angereichert, sorgen sie nicht nur dafür, daß der Hunger eines Mannes befriedigt wird.

Einer unserer Freunde aus dem Sauerland versichert, daß ein Teller gekochten Kohls, mit diesem beliebten Kraut in feingehackter Form bestreut, ihn immer in Minzenkondition versetze.

Petersilie

Während des sechzehnten Jahrhunderts eingeführt,

- ✿ sollte, so man im Sommer ernten möchte, im März gesät werden.

Im Hinblick auf seine kräftigenden Eigenschaften

- sollte im Juni eine zweite Aussaat erfolgen, so daß man auch den Herbst- und Wintererfordernissen gerecht werden kann.

Die Pflanze ist nicht schwer zu ziehen,

- aber sie sollte wie Minze während der Reifezeit reichlich begossen werden.

Die aphrodisischen Eigenschaften der Petersilie wurden zweifellos bereits von den alten Griechen und Römern sehr geschätzt. Im »Satyricon« des Petronius[80] sagt der Erzähler Eucolpius, daß Enothea *»eine Schale Wein vor ihn stellte und, nachdem sie seine profanen Finger mit geheiligtem Lauch und Petersilie gereinigt hatte, unter einigen Beschwörungen Haselnüsse in den Wein warf«.*

Seneca beschreibt, wie Medea[81], die Erzzauberin, Petersilie und andere Kräuter im Mondschein sammelt. (Glücklicherweise wird es nicht mehr als notwendig angesehen, die Kräuter mit Gift zu übersprühen oder mit Innereien unreiner Vögel, das Herz einer Waldeule, die Gedärme eines Vampirs, die bei lebendigem Leibe entnommen wurden, zu bereichern.)

In seinem Kochbuch versichert Apicius, daß Petersilie Liebeswirkungen hervorrufe.

Darüber hinaus muß Petersilie einer der Bestandteile sein, auf die sich Rabelais in »Gargantua und Pantagruel«[82] bezieht und die *»das Blut erhitzen, die Nervenstränge krümmen, die Geister auf einen Nenner bringen, die Sinne beleben, die Muskeln stärken und dadurch den Mann erwecken, herausfordern, erregen und in die Lage versetzen, eine Heldentat auf dem Feld der Liebe mit Anstand zu vollbringen«.*

Alle diejenigen, deren Bekanntschaft mit der Petersilie bisher darauf beschränkt war, einen einsamen Sproß von der gelbsüchtigen Scholle zu entfernen, die in vielen Hotels angeboten wird, werden überrascht sein, wenn sie erfahren, daß dieses Kraut würzigen Geschmack und Geruch besitzt.

Machen Sie niemals den Fehler, sie einfach als Fisch- und Sandwich-Garnierung beiseitezuschieben. Feingehackt und der richtigen Soße beigemischt, kann Petersilie eine anregende Zutat zu gekochtem Huhn, Frikadellen und Omeletten sein, während Petersilientee wegen seiner Bekömmlichkeit oft von Hausärzten empfohlen wird.

Um die Ernte der ersten Petersilie aus dem Fensterkasten zu feiern, kann der erfolgreiche Kleingärtner nichts Besseres tun, als ein Poulet sauté á la Marengo zu bereiten:

- Da kein Allerweltshuhn im Mittelpunkt dieses Rezeptes stehen soll, bestehen Sie darauf, daß man Ihnen den kräftigsten Vogel vermache, den der Geflügelhändler aufzutreiben hat.
- Nehmen Sie ihn aus,
- tranchieren Sie ihn in angemessene Portionen,
- und würzen Sie sie mit Pfeffer und Salz.
- Geben Sie gleiche Mengen Butter und Olivenöl in eine Kasserolle mit dickem Boden.
- Wenn die Butter geschmolzen ist, legen Sie die Fleischstücke hinein,
- und lassen Sie sie auf beiden Seiten bräunen.
- Stellen Sie die Kasserolle dann in den Herd, um den Bratvorgang zu vollenden.
- Kurz bevor das Huhn gar ist, bestreuen Sie es mit einer Prise Mehl,
- drehen Sie die Stücke ständig um,
- gießen Sie ein Glas Chablis zu und ein oder zwei Tropfen Bratensoße.
- Geben Sie das Ganze jetzt in einen Topf,
- lassen Sie es schmoren,
- und fügen Sie Pilze und etwas feingehackte Petersilie hinzu. (Sie müssen sich gewiß gefragt haben, wann denn endlich die Petersilie erscheinen würde!)

Servieren Sie das Ganze in eigenem Saft, und versuchen Sie einmal nach dem Abschmecken herauszufinden, in welchem Maße das Kraut zu Ihrem Genuß beigetragen hat. Es kann einfach nur die Petersilie gewesen sein, die Ihre Phantasie gereizt hat. Ohne sie wäre die Schlacht von Marengo verlorengegangen. Übrigens: Versuchen Sie die Petersilie auch einmal mit geschmorter gespickter Ente ...

Thymian

Das wahrscheinlich älteste und reizvollste Küchenkraut,

- kann entweder ausgesät
- oder durch Wurzelteilung gezogen werden.

Mit seinen kleinen graugrünen Blättern und blaßrosa Blüten ist er hübsch anzuschauen und strömt außerdem einen wohltuend kräftigen Duft aus.

Wenn er

- warm und trockengehalten
- sowie gut beobachtet wurde,

dürfte die vollentwickelte Pflanze ungefähr dreißig Zentimeter hoch werden.

Als Aphrodisiakum taucht er mit stupider Regelmäßigkeit durch die Jahrhunderte hindurch in der Weltliteratur auf:

Dioscorides[83] betont seine heilsamen und anregenden Eigenschaften; unser alter Freund Apicius deutet die provozierende Wirkung in seinem Kochbuch an; die Ägypter hielten ihn für anregend; im Mittelalter erregte mit Thymian gewürzte Suppe wollüstige Begierde, die Zugabe dreier Schamhaare gab ihr noch einen besonderen Reiz.

In Shakespeares Stücken wird er häufig erwähnt, vom bereits erwähnten John Gerard in einem Kräuterbuch von 1633 gelobt. Die Wüstlinge des achtzehnten Jahrhunderts förderten mit seiner Hilfe das Wachstum eines bestimmten Körperteils, und die Benediktiner-Mönche verwenden ihn noch heute in ihrem Likör.

Es ist jedoch ein Wort der Warnung angebracht. Als Zugabe zu aphrodisischen Gerichten muß Thymian immer mit Vorsicht genossen werden. Weniger bedeutet hier mehr.

Wenn er zu ausgiebig verwendet wird, hat er die Neigung, andere feinere Aromata zu zerstören. Geben Sie anfangs nur eine bescheidene Menge zu Suppen und Tomatensaft oder möglicherweise zu Eintopfgerichten und Omelettes hinzu. Dann probieren Sie ihn in Fleischpasteten. Nach ausgedehnten Versuchen sind wir der Meinung, daß er von Fisch und Fischgerichten ferngehalten werden sollte, ausgenommen von roter Meeräsche.

Als besonders wirksam hat er sich bei uns mit Schweinskotelett und Kalbsbraten erwiesen.

Aber warum sollte man nicht den Fußstapfen jenes kulinarischen Genies folgen, das zuerst auf die Idee kam, ein Kaninchen á la Montigny zu kochen, wenn man sich ein Gericht mit Thymian-Geschmack wünscht, das die Eleganz und Energie des Krautes zum Ausdruck bringt?

- Hängen Sie das gehäutete Kaninchen zuerst eine Nacht lang an einen gutdurchlüfteten Platz.
- Legen Sie es dann in eine lange, flache Schüssel mit Malzessig (ein Glas voll), Pfeffer, Salz, einer gehackten Zwiebel, etwas Thymian und Lorbeer,
- und lassen Sie es für vierundzwanzig Stunden darin,
- während Sie den Essig in gleichmäßigen Abständen mit einem Löffel darübergießen.
- Kurz vorm Kochen zäumen Sie es und machen tiefe Einschnitte die Mitte der Filets entlang, zwei weitere in jedes Rumpfstück.
- Entgräten Sie sechs Sardellen, die Sie in die Schlitze stecken.
- Legen Sie zum Schluß ein Viertel Butter obenauf,
- gießen Sie etwas Essig darüber,
- und rösten Sie es im Ofen,
- wobei es regelmäßig mit Fett übergossen werden sollte.

Das ganze Gericht regt zwar ein Liebesbedürfnis an, aber der Thymian erst sorgt für einen besonderen Beigeschmack.

Der kühne Kochpionier wird hundert und mehr Anwendungsmöglichkeiten für dieses erregende Kraut entdecken. Erforschen Sie seine Wirkung in gefüllten Tomaten mit mariniertem Rinderfilet, in gespicktem flämischen Kalbsbraten, in geschmorter Lammkeule, in einer Taube »en compote«[84]. Es hat zu so vielen aufregenden Gerichten beigetragen – ja, es hat sogar seinen Weg in die Schafswurst gefunden –, daß wir seinen wahrhaft königlichen Ruf als Aphrodisiakum verstehen können.

Shakespeare kannte seine Kräuter sicherlich, als er Oberon Titiana[85] eines nachts auf einem Hügel suchen ließ, *»auf dem der wilde Thymian blüht«*.

Nachdem Sie *amour aux fines herbes* gekostet haben, mögen einige Inhaber einer Mietwohnung in der Stadt sich vielleicht entschließen, sich auf den Anbau von Kräutern zu beschränken und ihre anderen Kästen mit Basilikum, Estragon, Fenchel, Rosmarin, Lavendel und so weiter zu füllen.

Andere mögen es vorziehen, einige wenige anregende Gemüsesorten zu ihrer Aphrodisiaka-Sammlung hinzuzufügen. Es erreichten uns begeisterte Berichte über Radieschen, Zwergkarotten, Spinat, Erbsen und Bohnen, die wir alle als »effektiv« bezeichnet haben.

Kresse

- ist eine andere Möglichkeit, deren aphrodisische Folgen seit Tausenden von Jahren bekannt sind:
- Martial und Columella bezeugen beide ihre Wirksamkeit;
- Apicius scheint von Kressensaft und Pfeffer beeindruckt gewesen zu sein;
- Ovid, eine Autorität auf dem erotischen Sektor, weist mit Nachdruck darauf hin, daß Kresse »impudica«[86] oder schamlos sei.

Trotzdem können, wie fast jedes Kind weiß, Senf und Kresse mit Erfolg im Haus gezogen werden, und zwar auf einem Stückchen feuchten Flanells oder sogar auf einem angefeuchteten Löschblatt. Es ist deshalb gar nicht nötig, beiden Pflanzen wertvollen Platz im Fensterkasten einzuräumen.

Wenn der Blumenkasten-Gärtner noch zwei weitere Kästen zur Verfügung hat, nachdem er seine Kräuter gepflanzt hat, mag er es vielleicht für praktischer halten, zwei der oben erwähnten Gemüsesorten auszuwählen und je einer von ihnen einen Kasten zu reservieren. Von den fünf angeführten Sorten werden Radieschen und Zwergkarotten die geringsten Anbauschwierigkeiten bereiten und den erhofften Aufschwung geben. Unser Außendienstpersonal hat mit der Kurzen-Horn-Karotte und dem Langen Kardinalsradieschen überraschend gute Ergebnisse erzielt.

Ein großer Vorteil der Blumenkasten-Gärtnerei sind die geringen Unkosten. Nur die einfachsten Werkzeuge werden gebraucht.

Wir schlagen vor:

- Eine Pinzette zum Unkrautjäten,
- einen alten Teelöffel als Spatenersatz,
- einen spitzen Stock zum Hacken und Harken,
- eine als Gießkanne hergerichtete Dose zum gezielten Begießen
- und einen Teekessel zum Bewässern.

Zum Schluß noch etwas, was wir wirklich am Anfang hätten sagen sollen: Holen Sie immer die Genehmigung des Hausbesitzers ein, bevor Sie auf seinen Fenstersimsen gärtnern.

Da Ihre Kästen die äußere Erscheinung seines Besitzes verbessern werden, ist es unwahrscheinlich, daß er etwas dagegen hat.

Seine einzigen Bedingungen werden sein, daß Sie die Simse nicht beschädigen und daß das Wasser beim Begießen auf die Pflanzen und nicht etwa auf gerade vorübergehende Fußgänger fällt. Wir haben festgestellt, daß Hausbesitzer gewöhnlich aufgeschlossen, zum Mitmachen bereit und zu überreden sind.

Einem Herrn unseres Außendienstes jedoch wurde einmal keine Genehmigung erteilt mit der außergewöhnlichen Begründung, daß Blumenkästen Eidechsen anlockten! Der Hausbesitzer blieb halsstarrig, bis unser Mann auf das Kama Sutram[87] *schwor, sich persönlich für die Beseitigung jeder einzelnen Eidechse, die erscheinen würde, verantwortlich zu fühlen. Danach traten keine Schwierigkeiten mehr auf, obwohl der Hausbesitzer zweifellos gerne gewußt hätte, wo die Eidechsen abblieben.*

Er konnte nicht wissen, daß diese Tiere in arabischen Ländern schon lange wegen ihres aphrodisischen Gehaltes geschätzt wurden. Noch weniger wußte er, daß zerstoßene Eidechsen, mit süßem Wein getrunken, einen mächtigen Liebesreiz ausüben. Unser Mitarbeiter wußte es ...

KAPITEL VIER

Butzenkletten auf dem Balkon

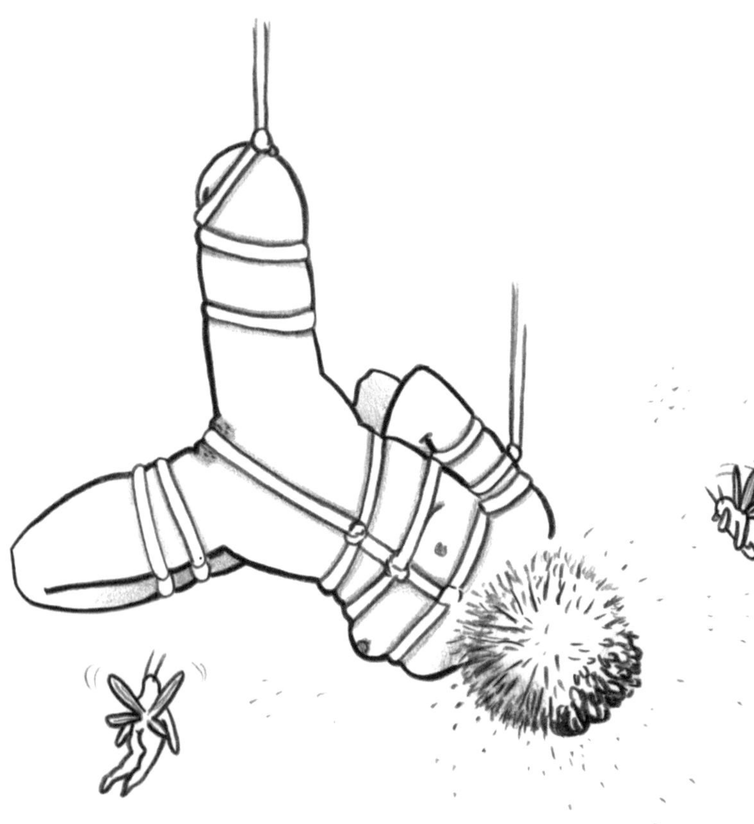

Wer einen Balkon besitzt, hat natürlich weitaus mehr Platz für Aphrodisiaka. Vor allem kann er tiefere und breitere Kästen jeglicher Größe verwenden, die auf ihm gut untergebracht werden können. So kann er es sich denn leisten, solche Pflanzen, Kräuter und Gemüsearten anzubauen, die im Boden und darüber mehr Raum beanspruchen. Er kann Kübel und Hängekörbe verwenden und, wenn der Balkon von einer niedrigen Mauer umschlossen ist, kann er sie mit einer Reihe Kästen krönen und auf diese Weise sein Operationsfeld ausdehnen.

Da Balkons sich in Größe und Form sehr voneinander unterscheiden, werden wir nicht versuchen, eine mögliche Bestückung des typischen Balkons darzustellen.

Statt dessen wollen wir unsere Aufmerksamkeit auf eine Anzahl »effektiver Pflanzen« richten, darauf, wie sie auf beschränktem Raum am besten zu behandeln sind und wozu sie im einzelnen verwendet werden können. Der Balkon-Gärtner selbst hat dann zu entscheiden, welche Pflanzen ihm die wenigsten Umstände bereiten!

Auf jeden Fall ist eine gewisse Anzahl von

- Kästen,
- Fässern und
- Körben

erforderlich.

Obwohl die Kästen groß sein können,

- sollten sie nicht so umfangreich sein, daß sie den ganzen Balkon versperren.

Es ist natürlich wirtschaftlicher, die Behälter selbst zu basteln, aber wenn Sie sich entschließen, sie im Haushaltswarengeschäft zu kaufen,

- dann halten Sie sich an Standardgrößen von Lattenkisten und anderen Behältern.

Eine unorthodoxe Lösung des Kastenproblems könnte zu unglücklichen Komplikationen führen, wie es bei Herrn Heizer der Fall war, einem unserer städtischen Außendienstangestellten:

Es muß an diesem Punkt erwähnt werden, daß Herr Heizer einen irgendwie unheimlichen Gesichtsausdruck besitzt und seine oberen Schneidezähne erschreckend weit hervorstehen. Und er trägt vielleicht nur deswegen stets schwarz, um seine schweifende Libido zu entmutigen. Als wir ihn in seiner im ersten Stock gelegenen Wohnung unterbrachten und ihn beauftragten, einen Balkongarten anzulegen und uns tägliche Berichte über seine Erfahrungen zu schicken, hätten wir niemals an Schwierigkeiten gedacht. Herr Heizer jedoch zog es vor, unsere üblichen Instruktionen hinsichtlich der angemessenen Größe von Garten-Kästen in den Wind zu schlagen.

Er kaufte vier riesige Packbehälter, die wie unfertige Särge aussahen und ließ sie sich in seine Wohnung bringen.

Nach Heizers Bericht betrachtete der Hausbesitzer, der im Erdgeschoß wohnte, die Ankunft mit offensichtlichem Erstaunen, ohne allerdings zu der Zeit irgendeine Bemerkung fallen zu lassen. Wenige Tage später fuhr ein Lastwagen mit etwa einer Tonne Muttererde »für den Mann da oben« vor dem Haustor vor. Sofort ergriff der Hausbesitzer unseren harmlosen Vertreter und setzte ihn auf die Straße, wobei er erklärte, um Herrn Heizers eigene Worte zu gebrauchen, »daß er keinen Dracula nicht unter dem Dach haben will«.

(Seltsamerweise wurde der sprechende Name des Mieters weder dem Hauswirt noch Herrn Heizer selbst bewußt.)

Kurz gesagt, das Projekt schlug fehl, weil Herrn Heizers Kästen für den Balkon viel zu groß waren. Unserer Meinung nach

- ✿ sollte kein Kasten, der für die Balkongärtnerei benutzt werden soll, tiefer oder breiter als zwanzig Zentimeter sein.
- ✿ Alles, was größer ist, ist unnötig prahlerisch.

Was die Kübel betrifft, so können Sie solche

- ✿ aus Stein oder Blei in Fachgeschäften kaufen,
- ✿ aber geeignete aus Holz kann man selber herstellen, indem man ein gewöhnliches Faß in der Mitte durchsägt.

Man sollte Fässer

- ✿ verschiedener Größe auswählen,
- ✿ aber auch hier sind Extreme zu meiden.

In Kübeln, die aus kleineren Gefäßen als Viertelfässern gemacht werden, würden die Pflanzenwurzeln zum Beispiel so eingeengt, daß sie einander erdrückten, wenn sie sich durch das Abflußrohr hindurcharbeiteten. Und versuchen Sie niemals, eine Weinbutte[88] einzuschmuggeln, besonders dann nicht, wenn der Hauseigentümer zufällig Riesling heißt ...

Da Drahtkörbe nur ein paar Groschen kosten, ist es am besten,
✿ sie beim Gärtner zu kaufen.

Sie sind aus verzinktem Draht hergestellt und so konstruiert, daß sie sowohl den Boden zurückhalten als auch überflüssiges Wasser leicht ablaufen lassen. Normalerweise werden sie für Blumen verwendet und sind daher für den Aphrodisiaka-Anbauer weniger interessant, aber sie haben doch ihren Wert.

Sobald der Balkongarten mit seinen Kästen, Kübeln und Körben versehen ist, können wir endlich unsere effektiven Kräuter pflanzen.

Wir wollen uns zuerst die Kästen ansehen:

Es leuchtet ein, daß der Balkongärtner in der Lage ist, alle Pflanzen und Gemüsesorten anzubauen, die bisher erwähnt wurden. In seinen größeren Kästen wird er jedoch Platz für zusätzliche aphrodisische Pflanzen haben. Da das Forschungsfeld so weit ist, werden wir uns darauf beschränken, aufs Geratewohl einige wenige Vorschläge zu machen.

16. Von den anregenden Eigenschaften der ***Alraune*** haben durch die Jahrhunderte viele Autoritäten lobend gesprochen. Zumindest in ihrer äußeren Erscheinung hat die Pflanze eine entschieden männliche Gestalt.

Bis in biblische Zeiten geht ihr Ruf zurück, in sexualibus[89] Großes zu leisten: In seinem Buch »Materia Medica«[90] preist Dioscorides ihre Wirksamkeit in Liebestränken, wobei er besonders die stärkende Eigenschaft von in Wein eingeweichten Alraunenwurzeln hervorhebt.

Wenden wir uns der »Odyssee«[91] zu, so stoßen wir hier auf die Zauberin Circe, die Alraunen in ihre allmächtigen Getränke warf.

Sowohl in der griechischen als auch in der römischen Literatur sowie in volkstümlichen Schriften des Mittelalters häufen sich die Anspielungen auf die Eigenschaften der Alraune, und bis spät in das siebzehnte Jahrhundert wurde sie regelmäßig als Bestandteil so manchen anregenden Gebräus verwendet.

Auch heute noch werden die Wurzeln, vor allem in Griechenland und Italien, als Heilmittel gegen Impotenz verkauft.

Ob wir die mündlichen Berichte für bare Münze nehmen oder nicht, es dürfte auf jeden Fall wenig schaden, zumindest ein Exemplar in einer Kastenecke anzupflanzen. Eine oder zwei Scheiben davon, in die Suppenschüssel geworfen, könnten einen Mann in die richtige Stimmung versetzen.

Aber seien Sie vorsichtig, wenn Sie Ihre Alraune aus der Erde herausziehen. Sie schreit.

17. Der ***Koriander*** ist eine andere Pflanze, die für den Kasten in Frage kommt,

- die in jedem warmen, wohldurchtrockneten Boden
- aus Samen gezogen werden kann.

Als eines der ältesten Kräuter war der Koriander mit seinen aphrodisischen Wirkungen den Ägyptern, den Griechen, den Römern, den Hindus und den Chinesen wohlbekannt.

Versuchen Sie,

- im Frühjahr oder Herbst eine Reihe zu säen.
- Bedecken Sie den Samen nur leicht.

Verwenden Sie die jungen Blätter in Suppen oder in der Salatschüssel. Das Aroma des Korianders ist ganz unverkennbar.

Koriander war ein Bestandteil so vieler Liebesgetränke der Vergangenheit, daß er gewiß auch noch heute anregend wirken kann. Mit anderen Pflanzen, Fenchel und Bilsenkraut beispielsweise, gemischt, wurde er oft angewandt, wenn man seelischen Auftrieb nötig hatte. In diesem Sinne kann er auch Ihnen nützen.

18. Auch ***Baldrian*** ist ein liebeförderndes Gewächs. Er wird besonders in der Wetterau (Hessen) und der Lüneburger Heide angebaut.

Vermehren Sie ihn

- durch Samen
- oder durch Wurzelteilung,
- aber zum Anfang genügen eine oder zwei Pflanzen.

Denken Sie daran, daß Katzen gerne die Baldrianwurzeln und -blätter fressen, und achten Sie deshalb auf herumstreunende Tiere.

19. In den Liebeshandbüchern wird das ***Veilchen*** oft im Zusammenhang mit Koriander und Baldrian erwähnt:

- Es sollte in einem mittelguten Lehmboden eingesät
- und in den Kasten umgepflanzt werden,
- der an sonnigster und luftzugänglichster Stelle steht.

Die Heilwirkung von Blättern und Blüten als Antiseptikum und Abführmittel ist unbestreitbar. Der stärkende Charakter der Wurzeln kann von Ihnen selbst erprobt werden.

Koriander, Baldrian und *Veilchen* sind erwiesenermaßen einen Versuch wert. Der mittelalterliche Philosoph Albertus Magnus schreibt zu ihren Gunsten[92].

Ein guter Rat jedoch ist angebracht: Nach Aussagen der alten Liebeslehrer sind alle drei unwirksam,

- wenn sie nicht während des letzten Viertelmonds gesammelt werden.
- Halten Sie deshalb einen Kalender bereit.

20. Räumen Sie auch dem ***Fenchel*** einen nicht zu kleinen Raum ein, denn als Aphrodisiakum nimmt dieses dekorative Gewächs einen hohen Rang ein.

Der Samen sollte

- zwischen Mitte April und Anfang Mai ausgelegt werden,
- vorzugsweise in gutem Boden in einer sonnigen Ecke des Balkons.

Mit seinen gelben Blüten und federartigen Blättern ist er eine schon äußerlich reizvolle Pflanze, aber er hat natürlich noch andere und interessantere Eigenschaften.

Die Ägypter, Griechen und Römer bürgen für seinen Einfluß auf das Geschlechtsleben, und es spricht alles dafür, daß Fenchel als Bestandteil von Salaten und Fischsoßen das Liebesverlangen herausfordert. Man serviert ihn am besten mit Lachs und Makrelen, aber auch als Garnierung eines Lammbratens steht er der Minze in nichts nach.

Fenchelsuppe, glücklicherweise ein beliebtes Gericht in einigen Mittelmeergebieten, weckt die Begierde unter Garantie.

Wenn Sie jedoch etwas noch Durchschlagenderes haben wollen, dann genießen Sie ein altes Hindurezept:

- Fenchelsaft,
- Milch mit Honig,
- gereinigte Butter,
- Süßholz
- und Zucker.

Als wir vorschlugen, daß dieses wohlriechende Kraut einen gewissen Vorrang genießen solle, erinnerten wir uns an ein winziges Restaurant in Carcassonne, wo uns einmal ein Salat serviert wurde, der mit den zarten, jungen, rohen Schößlingen des süßen Fenchels, der in Südeuropa wächst, angereichert war.

Wir haben unsere Meinung geändert: Widmen Sie dem Fenchel einen ganzen Kasten. Er ist die Perle der Aphrodisiake. Die Südländer sind auf ihn geradezu versessen. Und die Spanischen Fliegen[93] können ihn nicht in Ruhe lassen ... Worauf warten Sie noch?

Wenn wir die Berichte durchsehen, die unser Außendienstpersonal über örtliche Gepflogenheiten zusammengestellt hat, stellen wir fest, daß fast alle Gärtner, die Kübel benutzen, sie mit Blumen füllen.

Besonders beliebt sind Dahlien, Fuchsien, Begonien, Geranien, Hortensien und Pantoffelblumen.

Unter den erwähnten Zwiebelgewächsen sind Tulpen, Belladonnalilien, Hyazinthen, Schmucklilien und verschiedene andere Lilienarten.

Vom ästhetischen Standpunkt aus mag dieser Blumenprunk zu Recht bestehen, aber was den Aphrodisiaka-Pflanzer betrifft, so können sie fast alle als ineffektiv entfernt werden.

Tulpen- und *Hyazinthenzwiebeln* sind zwar in Liebesgetränken und -elixieren verwendet worden, aber ihre Wirksamkeit ist nicht bewiesen.

Es gibt daneben viele Hinweise auf Bäume und Stauden, die in Vierzig-Zentimeter-Kübeln gezogen werden, aber auch sie sind für den Aphrodisiaka-Gärtner von geringem Interesse.

Er kann von den Nadelbäumen, dem Buchsbaum, der Eibe, dem Goldregen und der blühenden Kirsche, die unser Beobachterteam anführte, keine Hilfe erwarten.

Andrerseits mag er sich versucht fühlen, mit der einen oder anderen der folgenden Stauden einen Versuch zu machen: mit Beifuß, Wacholder und Myrte, die alle irgendwann einmal ihrer belebenden Eigenschaften wegen gelobt wurden.

21. Der ***Beifuß,*** der seit den Tagen Shakespeares in England angebaut wurde,

- verlangt eine sonnige Lage
- und trockenen Boden.

Seine silbergrauen, wohlriechenden Blätter haben ihm einen Platz in den meisten Blumenbeeten gesichert. Da er in manchen Teilen des Landes »Knabenliebe« genannt wird, wird die Pflanze offensichtlich mit gewissen Beschäftigungen in Verbindung gebracht, obwohl dem Zusammenhang schwer auf die Spur zu kommen ist. (Seine Blätter indes vertreiben Motten.)

22. Die Spielart, die die Aufmerksamkeit der Erotologen auf sich gezogen hat, ist die »Artemisia absinthium«, besser noch als ***Wermut*** bekannt. Diese buschige, silbrigstämmige Pflanze mit ihren gelben Blüten

- wächst im Brachland,
- unter Hecken
- oder an Grabenrändern.

Zusammen mit denen anderer Gewürze werden die bitteren Wurzeln des Beifußes

- in doppeltgebranntem Alkohol getränkt
- und zur Herstellung von Absinth verwendet, der unleugbar eine sexuell anregende Flüssigkeit ist.

Jeder, der die unmittelbare Spannkraftsteigerung, die ein Glas Pernod bewirkt, gespürt hat, wird den Drang des Aphrodisiaka-Liebhabers, Wermut zu ziehen, verstehen können. Andrerseits werden diejenigen, die nach drei oder vier Gläsern dieses heimtückischen Getränkes flach lagen, begreifen, daß wir den Anbau von »Artemisia Absinthium« nicht empfehlen können. Wie wir bereits gesagt haben, ist dieses Unternehmen einfach zu gefährlich. Und wir alle wissen, was mit Toulouse Lautrec geschah[94].

23. Wir wollen die Möglichkeiten des ***Wacholders*** jedoch nicht ganz ausschließen. Den »Juniperus hibernica compressa« sahen wir in kleinen Steingärten blühen, die Zwergspielart in einem winzigen Garten im Haus, so daß man mit gutem Grund annehmen kann, daß dieses anziehende Immergrün in einem Kübel auf dem Balkon untergebracht werden kann:

- Wählen Sie Ihren Baum sorgfältig aus, denn es gibt verschiedene Sorten,
- und hüten Sie sich vor dem zungenfertigen Gärtner, der Sie mit einem »Juniperus virginiana« beschwindeln möchte. Niemand mag einen zwanzig Meter hohen Nadelbaum auf seinem Balkon in den Himmel schießen sehen.
- Der »Juniper communis« gedeiht fast überall, besonders auf kalkhaltigen Böden.

Bewundern Sie getrost seine blaugraue, säulenartige Schönheit, aber denken Sie daran, daß, von unserem Standpunkt aus gesehen, seine eigentliche Anziehungskraft in seinen blutroten, scharfen Beeren liegt:

- Tauchen Sie diese eine Zeitlang in Wasser
- und trinken Sie dann den Saft.

Sein Geschmack mag dem Gaumen nicht schmeicheln, aber soll jugendliche Heftigkeit zurückrufen, von der wir alle ein bißchen gebrauchen könnten.

Wer die Wirkung verspüren und seine Kübel trotzdem für anderes Gewächs aufheben möchte, sollte sich eine Flasche Gin kaufen und einen kräftigen Schluck nehmen.

24. Wenn der Wacholder wegen seiner Beeren geschätzt wurde, so die ***Myrte*** wegen ihrer Blätter. Die häufigen Hinweise auf sie in der erotischen Literatur deuten an, daß man ihnen einige Wirkung auf Liebhaber zuschrieb, die ihre Potenz verloren hatten.

Im bereits erwähnten »Satyricon« von Petronius, das verschiedene Methoden beschreibt, den Geschlechtstrieb wiederzuerwecken, wird geschildert, wie Eucolpius zu der sexuell erregten Circe geführt wird, die er bereits enttäuscht hat. Er findet sie unbekleidet auf einem Blumenhügel liegen, wo sie sich mit einem Myrtenzweig die Zeit vertreibt.

Es ist auch von Bedeutung, daß die alten Briten die Myrte als geheiligtes Symbol betrachteten, das der Liebesgöttin geweiht war.

Die Römer gingen einen Schritt weiter. Als Zeichen ihrer Anerkennung für eine erfolgreiche sexuelle Begegnung opferten sie dem Gott Priapus einen Myrtenzweig. Wir haben bereits beschrieben, wie die Damen aus den Blättern ihren Nutzen zogen.

Vielleicht gibt es gewichtige Gründe, die für die Myrte sprechen. Machen Sie den Versuch, ein Exemplar in einem tiefen Kübel aufzuziehen, und bieten Sie Ihrem Mädchen einen Zweig davon an. Sie wird nie dahinterkommen, was damit gemeint ist ...

25. Die meisten ***Obstsorten*** sind bis zu einem gewissen Grade Aphrodisiaka, aber weder wir noch unser Forschungsteam haben sie als mehr denn leicht anregend empfunden.

Unsere Erfahrungen oder, besser gesagt, unser Mangel an eben diesen, veranlassen uns zu der Frage, ob es der Mühe wert ist, Spalieräpfel oder -birnen oder Erdbeeren in Kübeln zu ziehen, wenn diese für etwas Aufregenderes gebraucht werden könnten.

Wir wissen, daß die Ernte groß sein kann und geben zu, daß es schwer ist, dem Zauber der Schönheit von Tharau, der Duchesse de Bordeaux und der Düsseldorfer Kraft[95] zu widerstehen, aber ist der Lohn die Mühe wert?

Werden ein Apfel oder eine Birne oder eine Erdbeere unsere Männlichkeit zurückrufen?

Verführen sie uns zu jener Tat im Dunkeln?

Werden sie unser Ansehen bei unseren Frauen und Herzallerliebsten erhöhen?

Wenn wir die Vor-und Nachteile des Obstes als aphrodisische Kost abwägen, müssen wir sie es als nur mäßige Hilfe ablehnen. Es hat keine Botschaft. Es schmeckt zwar gut, aber bereitet kein Vergnügen, nachdem es gegessen worden ist. Es regt nicht an, erweckt nicht einmal Begeisterung.

26. Unserer Meinung nach ist es viel besser, einen Kübel voll ***Zwergtomaten*** statt Obst zu ziehen:

- Die Amateur- und die Atomsorte sind im Anbau fast narrensicher.

Zumindest wissen wir, daß wir in der Tomate ein Aphrodisiakum heranziehen, das seit Jahrhunderten Befriedigung bewirkt hat. Schließlich wurde sie nicht »Liebesapfel« genannt, nur um den Arzt fernzuhalten.

27. Wir möchten nun gerne einen revolutionären Vorschlag machen, wie man mit irgendwelchen unbenutzten Kübeln umgehen sollte:

- Füllen Sie sie mit der ***Butzenklette***, jener wohlbekannten Pflanze aus der Familie der Disteln, die stachlige Blütenköpfe und ampferähnliche Blätter besitzt.
- Sie wächst überall – wirklich: fast überall –
- und verlangt wenig Aufmerksamkeit.

Wir sehen ein, daß unser überraschender Vorschlag absurd klingt, aber wir unterbreiten ihn, weil er es wert ist.

Möglicherweise, fällt uns gerade ein, hat der Aphrodisiakapflanzer, der nach etwas Ausgefallenerem Ausschau hält, Interesse daran, den folgenden Liebestrank zusammenzustellen, der in dem »Grimoire«[96] (oder »Schwarzen Buch«), das wir zu Rate gezogen haben, als *»von groszer Sterck bey Buhlerey«* empfohlen wird:

- *Du practicirest den Klethensamen in eynen Moerser und zermalmest ihn.*
- *Sodann fügest du den lincken Hoden eynes dreyjärigen Zickleins hinzu,*
- *item eine Prise des Pulvers aus den Hinterhaaren eyner weyszen Wesp;*

- *wisse, dasz du die Haare am Ersten Tag eynes neuen Mondes abschneidtest*
- *und am siebendten Tage desselbigen verbrennest.*
- *Sodann lösest du die gesambt Mixtura in eyner halben Karaffe gebrennten Weynes,*
- *welchselbe du einundzwantzig Tag und Necht unverschloszen lessest,*
- *maszen die Stern ihr Krafft und Würckung darauf sollen haben.*
- *Am einundzwantzigsten Tage kochest du selbigen Liquor, so dasz er werde fest.*
- *Von dem Samen des Crocodils giebst du vier Tropffen hinzu*
- *und seyhest die gesambt Mixtura durch eyne Seyhe. Reybest du sie auff deyne Genitalia, so entbrinnet deyne Brunst.*

Auch diejenigen, denen keine Krokodile zur Verfügung stehen, brauchen nicht zu verzweifeln, denn die weisen Liebeslehrer sagen, daß es mit Hunden genausogut geht. Wir selbst haben dieses Rezept noch nicht erprobt und bleiben unbefangen. Inzwischen jedoch machen unsere Butzenkletten rasche Fortschritte.

Die Hängekörbe? Oh, Butzenkletten müssen hinein!

KAPITEL FÜNF

Radieschen auf dem Dachgarten

Für niemanden, der durch die Umstände gezwungen ist, sich seinen Garten auf dem Dach anzulegen, besteht ein Grund zur Unruhe. Wenn er den zur Verfügung stehenden Platz vernünftig ausnutzt, kann er sich jederzeit mit Aphrodisiaka eindecken. Auch er kann für die Zukunft vorsorgen.

Der traurige Zustand, in dem sich Dachgärten heutzutage befinden, wird vielleicht in dem kürzlich veröffentlichten Jahresbericht eines unserer älteren Außendienstmitarbeiter am besten beschrieben. Als Meister seines Faches wurde Herr Federstein 1923 unserer Dachgartenabteilung zugewiesen, in jenem Jahr also, als der erste erwähnenswerte Garten angelegt wurde. Herrn Federsteins langjährige Zugehörigkeit zu seiner Abteilung verleiht seinen Bemerkungen zusätzliches Gewicht.

Herr Federstein schreibt: »Hunderte der von mir inspizierten Steingärten waren nichts weiter als eine unschöne Ansammlung von Dauerpflanzen, Alpengewächsen, Weihern, Felsen, Bäumen und Büschen. Nichts Eßbares wächst dort; sogar die Fische in den künstlichen Teichen sind pure Dekoration.

Es leuchtet jedermann ein, daß diese Gärten von Gartenbaureaktionären der übelsten Observanz angelegt worden sind. Trotz unserer Aufklärungsarbeit bleiben diese Dachgärtner bei ihrem Entschluß, lieber das Auge zu verwirren als den ganzen Körper anzuregen. Sie sind durch die Tradition dermaßen verdorben, daß sie allen Ernstes Gummibäume dem Spargel, Schellkraut dem Sellerie und Passionsblumen der Petersilie vorziehen. Sie besitzen überhaupt kein Organ für die wahren Werte. Sie verschwenden Zeit und Energie auf den Anbau von duftenden, ineffektiven Zierpflanzen. Ihre Dächer sind deshalb ein Farbenmeer, während sie selbst zu den langweiligsten und phantasielosesten Zeitgenossen gehören. Sie huldigen Flora und vergessen Venus.«

Eine Analyse der Federsteinschen Materialien führt zu folgendem Ergebnis:

- Die Zahl der interviewten Dachgarten-Besitzer: 300
- Die Zahl derjenigen mit sexuellen Problemen: 300
- Die Zahl derer, die von Aphrodisiaka etwas gehört hatten: 1
  (Er erzählte Federstein, daß es sich dabei

um den Ort in Nordamerika handele, an dem sich 1865 die konföderierten Truppen der Armee der Nordstaaten ergaben.)
- ❊ Die Zahl derer, die an einer Steigerung ihrer sexuellen Leistung interessiert waren: 300

Nachdem Herr Federstein Natur und Funktion von Aphrodisiaka erklärt hatte, brachte jeder der Interviewten seine Bereitschaft zum Ausdruck, seinen Dachgarten – bei ehefraulicher Zustimmung – in unsere Über-Kopf-Acht-Pflanzen-Gemischt-Anlage, einen einfachen Aphrodisiaka-Garten für flach abschließende Häuser, umzuwandeln. Die Grundaufteilung wird in dem gegenüberliegenden Diagramm gezeigt.

Diejenigen, welche die Umstellung bereits vollzogen haben, werden bemerkt haben, daß unser Acht-Pflanzen-Plan ihren Ansprüchen mehr als gerecht wird.

Eine kurze Untersuchung des aphrodisischen Kraftpotentials jedes Beetes wird nicht nur Sie davon überzeugen, daß Sie sich auf vieles Schöne freuen dürfen, es kann auch andere dazu bringen, mit der Tradition zu brechen. Die effektiven Pflanzen, die wir ausgewählt haben, sind alle gründlich geprüft und bewährt.

Ein Blick auf die Zeit-und Leistungstabelle (S. 126/127) eines unserer Außendienstangestellten zeigt seine Leistungskurven,

(a) bei gewöhnlicher Kost und
(b) bei gemischter aphrodisischer Kost, die aus dem Über-Kopf-Acht-Pflanzen-Gemisch hergestellt wurde.

Die Tabelle wird unsere Ansichten nur bestätigen.

Wir nehmen an, daß der Dachgarten nach den Anleitungen angelegt wurde, die wir in unserer Broschüre »Die Planung eines Über-Kopf-Acht-Pflanzen-Gemischt-Gartens« dargelegt haben:

- ✿ Sie haben einen Architekten zu Rate gezogen, ehe Sie einige Tonnen Erde auf Ihr Dach kippen ließen;
- ✿ Sie haben sich um das Abflußsystem gekümmert;
- ✿ Sie haben zum Schutz gegen herrschende Winde Wandschirme aufgestellt;
- ✿ Sie haben Ihr Glashaus zusammengebaut,

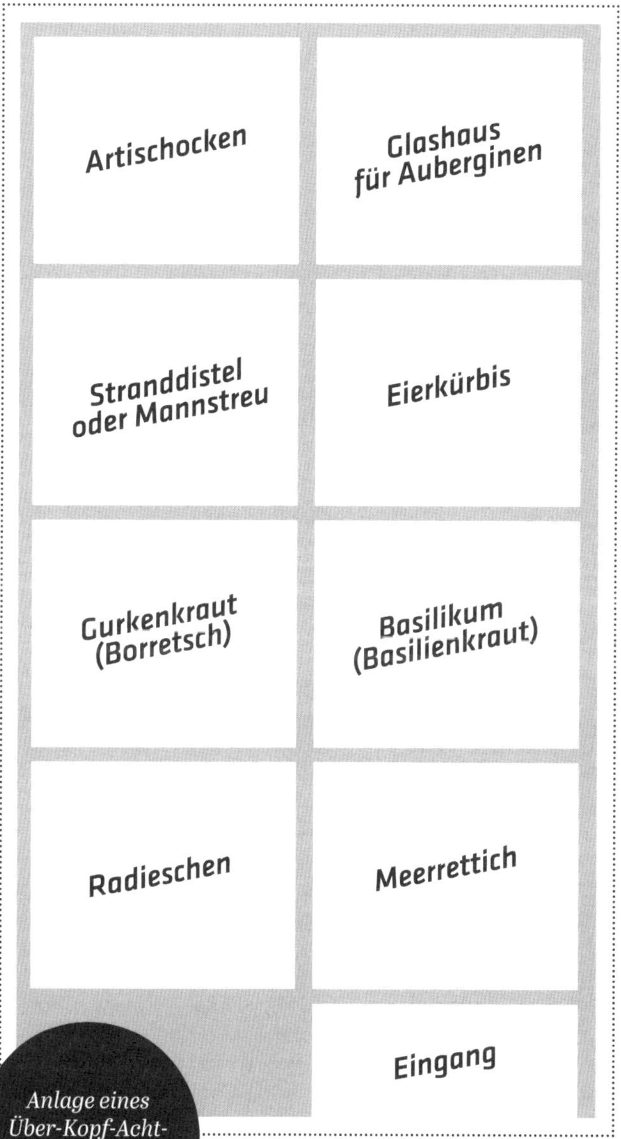

Artischocken	Glashaus für Auberginen
Stranddistel oder Mannstreu	Eierkürbis
Gurkenkraut (Borretsch)	Basilikum (Basilienkraut)
Radieschen	Meerrettich
	Eingang

Anlage eines Über-Kopf-Acht-Pflanzen-Gemischt-Gartens

- besitzen das richtige Werkzeug und die passende Ausrüstung.

Ihre Beete sind voller Erwartung.

28. Zuerst die ***Artischocken:***

Von den drei Sorten Chinesische, Jerusalem und Globus werden wir uns auf letztere beschränken, die im Gegensatz zu den beiden anderen europäischen Ursprungs ist.

- Da die Pflanze ein Vielfraß ist, achten Sie darauf, daß der Boden tief, fruchtbar und feucht ist
- und viel Dung und Fischdüngemittel erhält.
- Die Samen können im März ins Glashaus gesät
- und die jungen Pflänzchen in Klumpen von je drei Stück im Verlaufe des April nach draußen gepflanzt werden.
- Sollte der Mai ein trockener Monat werden, ist reichliches Gießen unabdingbar.
- Regelmäßiges Hacken und Unkrautjäten müssen auch den Sommer hindurch aufrechterhalten werden.
- Köpfen Sie die Pflanzen, solange sie noch jung und zart sind,
- aber lassen Sie einige Zentimeter des Stengels stehen.
- Schneiden Sie die Artischocken ab, ehe die Schuppen sich ganz geöffnet haben,
- und legen Sie die Stiele in kaltes Wasser. Sie werden sich dann einige Tage lang halten.

Die einfachste Methode, Artischocken zuzubereiten, besteht darin,

- sie sorgfältig zu reinigen,
- in angemessen gesalzenes, kochendes Wasser zu legen
- und dort eine halbe Stunde lang zu lassen.
- Abtropfen lassen
- und mit geschmolzener Butter auftragen.

Eine andere Lösung für ein anregendes Gericht ist die,

- sie in einem Eierteig aus Milch, Ei, Mehl, Olivenöl und Petersilie zu backen.

Aber für die wirklich große Gelegenheit, bei der ein gescheiterter Versuch ewiger Schande gleichkommt, sollte Ihr gastronomisches *prélude l'amour* derart gefüllte Artischocken einschließen, daß selbst Lucullus[97], der Fürst aller Schlemmer, sie nicht besser hätte zubereiten können:

- Richten Sie den unteren Teil der Artischocken her, indem Sie die harten Partien abschneiden.
- Kochen Sie sie – mit Salz –, bis die »Schocken« leicht entfernt werden können.
- In der Zwischenzeit nehmen Sie Pilze, Petersilie, feingehackte Schalotten, Salz und Pfeffer,
- und braten sie in Butter.
- Mit der solchermaßen hergestellten Soße füllen Sie die Artischocken;
- dann tun Sie sie zusammen mit Fleischbrühe, Weißwein, einem halben Glas Bier für jede und einem nicht zu knappen Stück Butter in eine Kasserolle.
- Kochen Sie das Ganze auf niedriger Flamme,
- und servieren Sie die Artischocken in ihrem eigenen Saft.

Wenn Sie davon gegessen haben, werden Sie verstehen, warum Katharina von Medici von Artischocken so begeistert[98] war. Außerdem werden Sie begreifen, warum die Pariser Straßenverkäufer früher immer ausriefen:

Artischocken! Artischocken!
Sie erhitzen Seel' und Leib
und den schönsten Zeitvertreib!

29. Die ***Aubergine*** ist ein ungewöhnliches Gemüse. Da sie aus den Tropen stammt, liebt sie Wärme und leichten Boden:

- Der Anbau unter Glas ist mehr oder weniger unumgänglich.
- Säen Sie im Januar oder Februar bei einer Glashaustemperatur bis zu 18°C.
- Pflanzen Sie sie vorsichtig in 18-cm-Töpfe, sobald drei Blätter erschienen sind.
- Fünf oder sechs Wochen später topfen Sie sie in größere Behälter um.

Wenn sich die Auberginen nach dem ersten Eintopfen akklimatisiert haben,

- kann die Temperatur etwas gesenkt werden.

Sie werden am besten gedeihen,

- wenn sie zuletzt in eine Mischung aus Lehm, vermoderten Blättern, natürlichem Dünger und einer oder zwei Handvoll Sand gepflanzt werden.

Reißen Sie die Früchte ab, wenn sie reif sind, und erproben Sie die Wirkung zuerst, indem Sie eine mit Käse backen oder mit Zwiebeln schmoren. Auch gekocht und mit verlorenen Eiern serviert, sind sie schmackhaft.

Ein Trompeter aus Jamaica, den wir in einem Pariser Bistro trafen, versicherte uns, daß *»halbierte Auberginen, Mensch, in einer Art von Mehl- und Wasserpaste gekocht und mit Pfefferkörnern, Schnittlauch, Vanillebohnen und Nelkenpfeffer aufgetragen, Mensch, ganz sicher ein Ausweg«* sind.

Er sagte uns auch mit vielen Worten, daß das von ihm beschriebene Gericht in Westindien in allen Gliedern Wunder wirke. Fangen Sie also an ...

30. Stranddistel (oder Mannstreu)

- sollten auf einen sonnigen Platz
- in sandigen, trockenen Boden kommen.
- Legen Sie den Samen in Pfannen,
- die sie in einen kühlen Behälter stellen, bis sie im Frühjahr keimen.
- Im folgenden Jahr können sie nach draußen gepflanzt werden.

Durchschnittsgärtner ziehen die Stranddistel wegen ihrer ungewöhnlich schönen Blütenköpfe und Blätter, aber uns interessiert diese Pflanze aus anderen Gründen. Ihre besondere Wirksamkeit als Aphrodisiakum beruht auf ihrer fleischigen Wurzel.

Anspielungen bei Shakespeare deuten seinen stärkenden Einfluß an, aber es fehlen Einzelheiten in seinen Stücken, die uns heute in die Lage versetzen könnten, das Wirkungsgebiet des Mannstreu abzustecken.

Erotologen aber stellen zweideutig fest, daß er das Leistungsvermögen steigert und wie die Aubergine einen Impuls an die richtige Stelle leitet. Deshalb probieren Sie ihn, dann haben Sie den Weg zum Erfolg vor sich.

31. Eierkürbis

- verlangt einen gutgedüngten Boden
- und viel Sonne.

Er wächst in jedem Winkel. Es gibt verschiedene Sorten, aber die meisten Aphrodisiaka-Züchter entscheiden sich voller Sehnsucht und Ungeduld für den Langen Weißen, der große, saftige Früchte hat.

- Suchen Sie die dicksten Samenkörner heraus
- und säen Sie sie Anfang April mit dem breiten Ende nach unten in 8-cm-Töpfe.
- Lassen Sie sie bis Ende Mai im Glashaus,
- und dann verpflanzen Sie sie an ihre endgültigen Plätze,
- nachdem Sie sie am Tage davor gut gegossen haben.
- Zwischen den Pflanzen sollten Sie ungefähr neunzig Zentimeter freilassen,
- zwischen den Reihen mindestens einhundertzwanzig Zentimeter.
- Hacken Sie regelmäßig,
- und halten Sie den Boden dadurch feucht, daß Sie ihn mit Dünger abdecken (Sodanitrat und etwas in Wasser aufgelöster Guano[99] eignen sich dazu am besten).

Schneiden Sie die Früchte ab, wenn sie noch jung und zart sind, und bereiten Sie zuerst eine Eierkürbispastete, um ihren Liebesappetit zu reizen.

Entschieden noch anregender ist das nun folgende Suppenrezept:

- Schneiden Sie das Kürbisfleisch in kleine Würfel,
- fügen Sie ihnen ein Glas kaltes Wasser bei,
- und lassen Sie sie in einem Brei zerkochen.
- Das überflüssige Wasser muß abfließen,
- und dann sieben Sie das Püree in die Suppenterrine,
- wobei Sie Butter, etwas Salz und in Butter geröstete Toaststückchen hinzufügen.
- Denken Sie daran, daß Eierkürbissuppe nie zu dick sein sollte.

Um seine Pflicht gut und aufrecht erfüllen zu können, empfiehlt sich folgendes Rezept als unschlagbar: ein gefüllter Eierkürbis:

- mit einer Mischung von Wurstfleisch, Schinken, Brotkrumen, Pfeffer, Salz, Zwiebeln, Petersilie und etlichen Eidottern.
- Das Gemisch sollte fünfzehn Minuten lang in einen heißen Ofen gestellt werden,
- ehe es in den Kürbis kommt.

Diese Art und Weise, einen Eierkürbis zu servieren, ist uns von einer tüchtigen Köchin, die sich auf aphrodisische Gerichte spezialisiert hat, sehr ans Herz gelegt worden. Treiben Sie also einen Eierkürbis auf und besorgen Sie diese Füllung!

32. Gurkenkraut

- kann im Frühjahr aus Samen oder Wurzelteilen gezogen werden oder, frei nach Wahl,
- im Herbst durch Wurzelteilung.

Es wächst auf jedem Boden, und der Anbau macht keine Schwierigkeiten. (Die Singalesen[110] glauben, daß das Kraut nur gedeiht, wenn es nahe der Behausung eines Mannes steht).

Zwei berühmte Pflanzenkenner, Kulpfefer und Gerard, haben die erhebende Wirkung dieser duftenden und erfrischenden Pflanze bezeugt, der letztere versichert, daß *»die Blätter und Blüten des Gurkenkrautes, in Wein gelegt, Männer und Frauen froh und lustig machen und alle Traurigkeit, Trübsal und Melancholie vertreiben«*. Selbst Bienen können ihm nicht widerstehen.

Ein Aufguß von den Blättern gibt einen anregenden Trank ab, auch sollte Gurkenkraut jedem Glas Wein zugesetzt werden. Sowohl die Blätter als auch die Blüten sollen den Geschmack von Salaten unter Garantie verbessern.

Diejenigen, die nicht ganz von den aphrodisischen Eigenschaften des Gurkenkrautes überzeugt sind, sollten sich daran erinnern, daß es als die »Blume des Zeus«[101] beschrieben worden ist, und wenn irgend jemand jemals sexuellen Auftriebs bedurfte, dann doch wohl der Sohn des Chronos. Da gab es die Göttinnen Hera, Themis und Ceres und die Sterblichen Danae, Antiope, Leda, Europa, Callisto und Alkmene, und diese waren nur seine uns bekannten Auserkorenen. Es gibt in der Klassischen Mythologie zwar keinen direkten Beweis dafür, daß Gurkenkraut ein Bestandteil seiner göttlichen Kost war, aber ein Umstand ist sicherlich von Bedeutung: Keine der Damen beklagte sich ...

33. Das süße ***Basilienkraut*** ist ein anderes stark duftendes Kraut, mit dem seit Urzeiten aphrodisische Wunderwerke verbunden wurden, eine halb-winterfeste Jahrespflanze, die ursprünglich aus Indien kam:

- Es kann entweder im März im Glashaus
- oder im April vom Samen im Freien gezogen werden;

Basilienkraut gehört, was den Anbau betrifft, nicht zu den einfachsten Gewächsen, aber es ist der Mühe wert.

- Geben Sie ihm, wenn möglich, einen sonnigen Platz.
- Wenn die Pflanze ihre volle Größe erreicht hat, schneiden Sie die Schößlinge dicht über der Erde ab,
- bündeln Sie sie,
- und hängen Sie sie zum Trocknen auf.
- Einige Wurzeln sollten herausgezogen, in Töpfe gepflanzt
- und in das Glashaus gestellt werden, damit Sie einen Wintervorrat an frischem Kraut haben.

Wie Gurkenkraut wird Basilienkraut in erster Linie als Gewürz verwendet, besonders bei Tomaten- und Mockturtlesuppe. In Italien findet er seinen Weg in fast alle Tomatengerichte. Außerdem bereiten die Italiener eine nahrhafte und anregende Suppe, zu der sie

- Basilienkraut, Schlangenwurz, Gewürznelken, Lorbeer, Sellerie, Petersilie, Fenchel, Thymian, Artischocken und Trüffel verwenden,

alles Zutaten, die *»zur Liebestollheit führen«*.

In unseren Breiten finden wir Basilienkraut manchmal in Fischsoßen, Omelettes, Käsespezialitäten und Pilzen vor.

Am Anfang darf Basilienkraut als Gewürz nur vorsichtig verwendet werden. Ein Zuviel von diesem sehr geruchstarken Kraut kann den Geschmack der anderen Zutaten einer Mischung zurückdrängen.

Betrachten Sie beispielsweise das folgende Rezept für eine nahrhafte Gemüsesuppe:

- Man schabe ein Dutzend Karotten der Sorte Langes Horn,
- schneide sie in dünne Scheiben,
- lege sie in einen Topf mit Wasser
- und koche sie.
- Dann zerkleinere man eine Stange Sellerie, zwei oder drei Stangen Porree, ein paar weiße Rüben und drei Kartoffeln und füge sie zu den Karotten hinzu.
- Als nächstes zerschneide man zwei große Zwiebeln,
- bräune sie in Butter,
- verdünne etwas mit Wein
- und werfe sie in die Pfanne mit dem Gemüse.
- Nach dem Würzen zwei Stunden lang kochen.
- Mittlerweile bereite man eine Paste aus drei geschälten Knoblauchzwiebeln, drei Teelöffeln Olivenöl, einem Viertelpfund zerriebenen Käse und einer Handvoll Basilienkrautblätter.
- Diesen Teig füge man der Suppe kurz vor dem Servieren bei.

Wenn Sie genau die richtige Menge Basilienkraut dazugetan haben, wird Sie die stärkende Wirkung von nur einer Tellerportion überraschen und entzücken, wenn nicht, hätten Sie Ihre Suppe genausogut aus der Dose bereiten können.

Jetzt werden diejenigen, deren erschlaffte Geister durch dies aromatische Kraut wieder aufgeweckt wurden, die Symbolträchtigkeit von Keats Gedicht »Isabella«[102] zu schätzen wissen: Isabella, ein ziemlich merkwürdiges Mädchen, versteckt nämlich den Kopf ihres ermordeten Liebhabers in einem Topf mit Basilienkraut. Mancher mag durch die Tatsache beeindruckt gewesen sein, daß die Pflanze von der Nahrung gedieh, die es *»aus dem schnell verwesenden Kopf«* zog, über den sie gepflanzt worden war.

Wir beeilen uns zu versichern, daß ein derart gräßliches Düngemittel unnötig ist. Ihr Basilienkraut wird auf gutem, fruchtbaren Boden wachsen und gedeihen.

34. Mit den Radieschen haben wir uns bereits befaßt, weswegen wir uns jetzt schnurstracks zum ***Meerrettichbeet*** begeben können. Im Gegensatz zum Basilienkraut ist diese winterfeste Dauerpflanze der Rettichfamilie verhältnismäßig leicht zu ziehen:

- Nachdem der Boden im vorhergehenden Herbst bis zu einer Tiefe von sechzig oder neunzig Zentimetern umgegraben worden ist, wird er von Wurzeln gezogen, die man im Februar eingegraben hat.
- Der Meerrettich verlangt nur sonnige Lage und viel Wasser.
- Wenn alles gut geht, können die Wurzeln im November gezogen und für den Winter aufbewahrt werden.
- Waschen Sie sie gut, zerreiben Sie sie und dann hinein in den Krug mit ihnen und in Essig ertränkt!
  Ein Teil des Geschmacks und der Schärfe geht verloren, aber er ist immer noch wirksam.

Am liebsten wird das Kraut zum Würzen von Rinderbraten verwendet, aber versuchen Sie es zur Abwechslung einmal bei Krabben, Garnelen, Karpfen, Forelle und Lachs. Er gibt auch der Apfelsoße einen interessanten Beigeschmack.

Zu einem köstlichen Gericht, das dabei mithelfen wird, ermüdete Lebenskraft wiederherzustellen,

- nehmen Sie ein paar Teelöffel zerriebenen Meerrettich,
- einen Teelöffel Essig (Weißwein-Art),
- einen Teelöffel französischen Senf
- und nur ein wenig Zucker, Salz und Pfeffer.
- Gut durchrühren
- und die Mischung dann in einen nicht zu kleinen Klumpen geschlagenen Rahm hineinquirlen.

Probieren Sie sie mit einem guten Filetsteak. Das spornt mehr an als ein Schlachtruf!

Fische, Frösche und Schwertlilien im Wassergarten

Fische, Frösche und Schwertlilien im Wassergarten

Eine weitere wertvolle Quelle für Aphrodisiaka ist eindeutig der Wassergarten, ein natürlicher oder künstlicher Teich, der in erster Linie für die Zucht von Pflanzen und Fischen vorgesehen ist.

Unter natürlichem Teich verstehen wir eine

- ✿ Anlage, die durch Eindämmen eines bereits durch den Garten fließenden Baches gewonnen wurde.

Ein künstlicher Teich

- ✿ muß erst geschaffen und von Grund aus gefüllt werden, wenn die geographischen Bedingungen keine andere Möglichkeit zulassen.

Im ersten Fall braucht der Gärtner nur zu entscheiden, an welcher Stelle sich der Teich am besten in seine Umgebung einfügt.

Im zweiten muß er, ehe die Ausgrabungen beginnen, prüfen, ob die Wasserversorgung das ganze Jahr hindurch für seinen Teich gesichert ist. Wenn die Wasserzufuhr beispielsweise während einer sommerlichen Dürre eingestellt wird, wird der Lohn für all seine Mühe nur der traurige Anblick vertrockneter Pflanzen und toter Fische sein.

Welche Form des Teiches Ihnen auch immer vorschweben mag, auf jeden Fall sollten Sie die folgenden wichtigen Aspekte der Arbeit nicht außer Acht lassen:

- ✿ Wählen Sie eine halbgeschützte Lage, die von den vorherrschenden Winden nicht erreicht wird,
- ✿ sorgen Sie für eine möglichst große Oberfläche,
- ✿ lassen Sie den Boden des Teiches schräg verlaufen, so daß das Wasser verschieden tief ist,
- ✿ halten Sie gehörigen Abstand von möglicherweise vorhandenen Bäumen, wenn Ihr Teich nicht jeden Herbst wie das Sargassomeer aussehen soll,
- ✿ und stoßen Sie nicht auf das Abwasserrohr.
- ✿ Grenzen Sie die Stelle durch Pflöcke ab,
- ✿ und graben Sie dann neunzig Zentimeter tief. (Die seichte und mittlere Tiefe sollte dreißig beziehungsweise sechzig Zentimeter betragen.)

Als Vorsichtsmaßnahme dagegen, daß gefrorenes Wasser die Seitenmauern ausdehnt und sprengt,

- bauen Sie sie schräg und nicht ganz lotrecht.
- Betonieren Sie die Grundfläche bis zu einer Dicke von fünfzehn, die Seitenflächen bis zu acht Zentimetern Stärke.
- Vergessen Sie dabei nicht, ein Zulaufrohr, ein Überlaufrohr und eine Senkgrube einzubauen beziehungsweise anzulegen.
- Kleiden Sie das Innere mit Glasol[103] aus,
- und innerhalb einer Woche kann der Teich bepflanzt und mit Fischen besetzt werden.

Zur Aufnahme der Pflanzen

- legen Sie eine Schicht guten, festen Lehm auf den Boden des Teiches und
- bedecken ihn mit zwei Zentimetern grobem, weißen Sand.
- Achten Sie darauf, daß er kompakt und frei von organischen Stoffen ist, die doch nur gären und das Wasser verunreinigen.

Obwohl die Wasserlilie anti-aphrodisische Eigenschaften besitzt, schlagen wir aus Gründen, die weiter unten im Kapitel erklärt werden, vor, sie anzupflanzen:

- Diese großen Gewächse können vor der Füllung des Teiches an ihren Platz gesetzt werden;
- die kleineren Wasserpflanzen können im Anschluß daran gepflanzt werden.

(Denken Sie auch daran, den Wasserstrahl nicht direkt auf den Lehm zu richten; am besten leiten Sie ihn zuerst in eine Schüssel, damit der Teichgrund nicht aufgewühlt wird.)

Es steht eine lange Reihe Wasserpflanzen zu Ihrer Wahl bereit, aber da nur wenige davon Aphrodisiaka sind, überlassen wir dem einzelnen Gärtner die Auswahl.

35. Unser Interesse ist mehr auf die ***Fische*** gerichtet, die im Teich ausgesetzt werden sollen. Gewöhnlich werden sie wegen ihrer schmückenden Eigenschaften gewählt. Wir beschäftigen uns nicht mit wechselnden Farben, ornamentalen Verzierungen und reinen Tönungen.

Fische, Frösche und Schwertlilien im Wassergarten

Das Äußere unserer Fische ist bedeutungslos. Sie müssen nur eßbar sein.

Reich an Phosphor und Jod, haben alle Fische dem Aphrodisiaka-Jäger etwas Anregendes zu bieten:

So wurden beispielsweise im Mittelalter die kleinen Steine aus dem Kopf des Barsches oft den Liebesgetränken der Hexen hinzugefügt.

In einer von Plautus'[104] Komödien kauft sich ein erschöpfter Alter einen Tintenfisch, der ihm helfen soll, seinen jugendlichen Schwung wiederzugewinnen.

Seebrasse, rote Meeräsche, Thunfisch, Gemeine Sepie und Tintenfisch werden von dem kulinarischen Fachmann Apicius als der Liebe dienlich bezeichnet.

Eine der Zutaten zu dem hochwirksamen Gebräu, das Medea[105] zubereitete, um Jasons Vater zu verjüngen, war die schuppige Haut eines Aales.

Die Vogelnestsuppe, die reichen Chinesen sexuellen Anreiz gibt, verdankt einen Teil ihrer Wirksamkeit der Tatsache, daß an dem eßbaren Seeweizen, aus dem die Nester bestehen, Fischlaich hängengeblieben ist.

Fisch war auch die Lieblingsspeise der Annamiten, eines notorisch wollüstigen Volkes.

Das letzte Wort über die aphrodisischen Eigenschaften des Fisches geben wir jener unangefochtenen Autorität auf dem Gebiete der Speisen und ihrer physiologischen Wirkungen, Brillat-Savarin[106]. Um seine Behauptung, daß Fischkost ein mächtiges Stimulans für den Geschlechtsverkehr sei, zu illustrieren, erzählt er die folgende lustige Anekdote:

Als der Sultan Saladin das Ausmaß der Enthaltsamkeit von Derwischen prüfen wollte, lud er ihrer zwei in seinen Palast und ließ sie eine Zeitlang die nahrhaftesten Gerichte zu sich nehmen. Schon bald verschwanden alle Züge ihrer selbstauferlegten Askese, und sie nahmen zu. Zu diesem Zeitpunkt gab er ihnen zwei hinreißend schöne Odalisken als Begleiterinnen, aber trotz der geschickten Herausforderung ging das heilige Paar untadelig aus seiner Versuchung hervor. Der Sultan hielt sie länger in seinem Palast und versah sie mehrere Wochen lang mit ebenso reichlicher Kost, um ihren Sieg über das Fleisch zu feiern. Dieses Mal jedoch beschränkte er sich ausschließlich auf Fisch. Noch einmal lieferte er sie derselben Vereinigung von Jugend und Schönheit aus, aber dieses Mal triumphierte die Natur, und die mehr als erfreuten Zönobiten unterlagen ...

Verschwenden Sie deshalb kein Geld für fransenschwänzige Goldfische, Schubunken und Goldarfen. Füllen Sie Ihren Teich mit Karpfen, Brassen, Rotaugen und Aalen und, wenn sie groß genug sind, werfen Sie noch einen oder zwei Hechte hinein. Der Hecht wird sich gewiß mit den minderwertigen Fischen vollstopfen, aber letzten Endes essen Sie doch den Hecht, nicht wahr?

Wenn Sie sich niedergeschlagen fühlen, brauchen Sie nur zu Ihrem Teich hinunterzugehen, einen seiner Fischbürger herauszuangeln und Ihre Lebenskraft durch ein aphrodisisches Mahl wiederherzustellen.

Nach einem Carpe au bleu (Karpfen blau) zum Beispiel wird, falls man sich bei Ihnen beschweren sollte, der Grund nicht in Ihrer Impotenz, sondern in Ihrem Übereifer zu suchen sein. Zugegeben, es ist ein kostspieliges Gericht, aber Sie werden nachher zugeben, daß das Geld gut angelegt war. Das geheimnisvolle Rezept ist wie folgt:

- Reinigen Sie den Fisch zuerst,
- legen Sie ihn in eine längliche Kasserolle,
- und fügen Sie zwei Flaschen Rotwein, Thymian, Lorbeer, Gewürznelken, gehackte Zwiebeln und Karotten hinzu.
- Lassen Sie den Karpfen eine Stunde lang kochen.
- Den Inhalt der Kasserolle abkühlen lassen,
- mit Petersilie anrichten
- und mit einer Ölsoße servieren.

Wenn das Schlimmste, was Ihnen passieren könnte, geschehen ist und Ihr Hecht alle Karpfen verschluckt hat, verpassen Sie ihm einen gehörigen Denkzettel, indem Sie ihn aus dem Wasser ziehen und rösten. Dann folgen Sie einem Rezept des fünfzehnten Jahrhunderts aus dem »Edlen Buch der Kocherey«:

- *Du practicierest etliche Mandelen in eynen Moerser,*
- *zermalmest sie,*
- *vermiscest sie mit Vino*
- *und seyhest sie durch eyne Seyhe.*
- *Alsdann nimmest du kleyn gehackte Zwiebelen, Schnidtlauch, Zucker, Pfeffer, Ingwer, Eszig und Saltz.*
- *Du machest selbige Mixtura sieden*
- *und reychest selbige dar.*

Und wenn das nicht ausreicht, Sie früh ins Bett zu bringen, kochen Sie ihn auf zeitgemäßere Weise:

- Den Hecht zuerst mit feinen Speckscheiben spicken.
- Dann legen Sie ihn in eine Kasserolle mit etwas dünngeschnittenem Schinken, einigen Karotten, gehackten Zwiebeln, Salz, Pfeffer, einer kleinen Menge zerriebener Muskatnuß, Fleischbrühe oder Wasser und einem Stückchen Butter.
- Wenn er gekocht ist, gießen Sie die Soße ab,
- geben sie über ein weiteres Stück Butter, das Sie in einem halben Teelöffel Mehl geknetet haben,
- lassen sie weitere zwei Minuten kochen
- und binden sie mit zwei Eidottern.
- Richten Sie den Hecht auf einer flachen Schüssel an,
- bedecken Sie ihn mit Soße, und schon ist er tafelfertig!

Für den Fall, daß Sie bei Ihrer Angelei einen unglücklichen Brassen aus dem Teich ziehen, sagt Ihnen dasselbe »Edle Buch der Kocherey«, wie Sie eine weitere gastronomische Köstlichkeit zubereiten können:

- *Man braucht nur eynen Brassen-Fisch in eyne Schueszel legen,*
- *frey von Schuppen machen und die Gederm herauspracticiren,*
- *item spieszest du ihn an seynen Kiemen auff*
- *und schmorest ihn auff dem Rost, bis er ist feyn.*
- *Alsdann nimmest du gekochten Vinum und mehrest ihn um Ingwer und Äpfelweyneszig. Alsdann legest du den Brassen-Fisch in eyne Schüszel und gieszest den Syrup obenauff. Endlich magst du die Speys aufftragen.*

Noch sicherer können Sie Ihre Muskelkraft mit Hilfe Ihrer Aale stärken, besonders wenn sie in einer Weise gegrillt werden, die vor langer Zeit von den guten Genter Bürgern gepflogen wurde:

- Für dieses kräftigende Gericht dürfen Sie nur die mittelgroßen Aale verwenden.
- Reinigen, trocknen, würzen (mit Salz und Pfeffer),
- und grillen Sie sie über starker Flamme.
- Werfen Sie etwas Maismehl in einen Topf mit etwas Wasser,
- bringen Sie es zum Kochen
- und lassen Sie es dann abkühlen.
- Mit reichlich Pfeffer, einigen gehackten Schalotten, etwas Malzessig und Salz bestreuen.
- Gießen Sie diese Soße, die mehr klar als dickflüssig sein sollte, auf die gegrillten Aale,

und fangen Sie mit dem Essen an.

Die Wirkung dieser Anguilles grillées á la Gantoise ist so groß, daß wir Madame Briguet in Brillat-Savarins Geschichte von dem berühmten Aalgericht verdächtigen, dasselbe Rezept angewandt zu haben.

Als man Madame Briguet eingeladen hatte, für eine Zusammenkunft von Gemeindepfarrern, die sich jeden Monat einmal trafen, um kirchliche Angelegenheiten zu diskutieren, einen Neunzig-Zentimeter-Aal zu kochen, wandte sie ihm ihre erfahrene Aufmerksamkeit zu und trug ihn *»mit verschiedenen seltenen Gewürzen«* auf. Als man das Mahl eingenommen hatte, bewegten sich die alten Pfarrer *»auf ungewöhnliche Art und Weise«* und befaßten sich plötzlich mit Themen, die aber auch nicht im geringsten kirchlicher Art waren. *»Einige«*, so berichtet Brillat-Savarin, *»erzählten lustige Begebenheiten aus ihrer Seminarzeit, andere gaben Skandalgeschichten zum besten, kurz, die Unterhaltung fuhr sich bei der beliebtesten aller menschlichen Sünden fest und blieb auch dort.«*

Wir stehen deshalb vor einem interessanten Problem. Wenn ein einziger Aal einen derartigen Einfluß auf eine Versammlung ehrwürdiger Geistlicher ausübt, wie wird dann die Explosion aussehen, die man von einem Tümpel voll dieser Kreaturen erwarten kann?

36. Glücklicherweise besteht kein Grund zur Aufregung. Wann immer der Wassergärtner fühlt, daß ihm seine Libido aus dem Griff gerät, hat er ein unverzügliches Heilmittel bei der Hand: Seine ***Wasserlilien.***

Kulpfefer, welcher der Wasserlilie und der Lotusblume in seinem Buch »Der englische Arzt«[107] eine ganze Seite widmet, stellt ganz klar fest, daß erstere liebesentmutigend wirke. Als Mondpflanze stehe sie allem, was mit Hitze zu tun hat, von Sommersprossen bis Sodomie, kühl und ablehnend gegenüber.

Wenn also folglich irgendein ausgefallenes Fischgericht zuviel Begeisterung entfachen sollte, können Sie Ihre Begierde dadurch im Zaum halten, daß Sie einen Absud von Wasserlilien hinunterschlucken.

37. Es wird sich nicht vermeiden lassen, daß Ihr Wassergarten ***Frösche*** anlockt.

Ihr nächtliches Gequake mag Sie zuerst irritieren, aber bleiben Sie ruhig, und mit der Zeit werden Sie es gar nicht mehr bemerken. Machen Sie auf jeden Fall keinen Versuch, die Frösche zu vertreiben, denn dann berauben Sie sich eines erstaunlich wirksamen Aphrodisiakums. Sie können sich nicht einfach die Gelegenheit entgehen lassen, ein Gericht auszuprobieren, das von französischen Liebhabern seit Jahrhunderten als ein Geschenk des Himmels betrachtet wird.

Sie müssen unbedingt einmal Froschschenkel versuchen. Aus einem Dutzend Rezepte empfehlen wir nun eines, das Ihrem Gaumen angenehm und Ihren Ruf als starker und unermüdlicher Liebhaber erhöhen wird. Wir nehmen an, daß Sie die Hinterbeine des Frosches topffertig vorbereitet haben:

- Gießen Sie zwei Schoppen Wasser in einen Topf,
- tun Sie Salz, Pfeffer, ein wenig Thymian, Lorbeer, Butter, Zitronensaft, eine in Scheiben geschnittene Zwiebel dazu.
- Kochen,
- dann die Froschschenkel hineinwerfen
- und eine weitere halbe Stunde kochen lassen.
- Die Mischung einige Minuten abkühlen,
- dann abtropfen lassen,
- die Froschschenkel in einen Topf legen,

- wiederum Zitronensaft dazutun, eine nicht zu knappe Prise gehackter Petersilie und ein Stückchen Butter.
- Erhitzen und umrühren.
- Wenn die Butter geschmolzen ist, drei Eidotter hinzufügen, die Sie vorher mit einem Tropfen Milch verdünnt haben.

Wenn Sie dieses Mahl verspeist haben, werden Sie die Franzosen nie wieder verächtlich als Froschesser bezeichnen. Sie werden sich aber auch fragen, wie Sie die Zeit von Oktober bis April, wenn die Frösche ihren Winterschlaf halten, überstehen sollen. Doch vielleicht tröstet Sie der Gedanke, daß das Froschweibchen während der Paarungszeit sechstausend Eier auf einmal legt ...

38. Wir hießen den Wassergärtner im vorigen Teil unseres Kapitels, sich seine Wasserpflanzen selbst auszusuchen, aber es wäre eine Unterlassungssünde, wenn wir den »Acorus Galamus« nicht erwähnten, der besser als ***Wasserschwertlilie*** bekannt ist.

Schon im alten Rom wurde sie bei erotischen Praktiken verwendet, und sie hat seit Tausenden von Jahren wegen ihrer medizinischen und aphrodisischen Eigenschaften einen guten Ruf genossen.

Da sie im Sumpfboden gedeiht, könnte sie wie gerufen dazu dienen,

- den Rand des Teiches zu verzieren.

Sie hat gelblich-grüne Blüten, säbelförmige Blätter, beißende Wurzeln, und sie wird neunzig Zentimeter hoch.

Wir persönlich können uns für die Wirksamkeit der Schwertlilie als Liebesstimulans nicht verbürgen. Aber einer unserer Außendienstmitarbeiter, der in einem dreiwöchigen Experiment täglich einen Aufguß der Wurzeln zu sich nahm, berichtete, daß er sich wie ein geiler Bock gefühlt hätte.

Ein anderer, der sie nur einmal nahm, klagte über Durchfall.

Von den Hunderten von Rezepten für aufregende Speisen, die wir im Zusammenhang mit diesem Handbuch untersucht haben, führt nicht eines die Schwertlilie als Zutat an, obwohl sie in einem komplizierten Liebestrank, den Zacutus der Portugiese[108], ein mittelalterlicher Arzt, beschreibt, tatsächlich auftaucht.

Daß sie »Pflanze der Venus«[109] getauft wurde, deutet darauf hin, daß sie die Macht hat, Begierde zu wecken:

- Säen Sie deshalb im März ein wenig aus, entweder am sumpfigen Rand entlang oder in das seichte Wasser Ihres Teiches.
- Wenn sie im Juli oder August blüht, kochen Sie die Wurzeln, und entziehen Sie ihnen die Wirkstoffe.
- Falls Sie immer noch Bedenken haben sollten, laden Sie die Nachbarn ein, und überhäufen Sie sie mit Schwertlilien-Cocktails.

Ihre Reaktionen dürften zumindest lehrreich sein.

KAPITEL SIEBEN

Pilze im Souterrain

Pilze im Souterrain

Es ist erstaunlich, wie viele Pflanzen in einem Raum durchschnittlicher Größe gezogen werden können. Selbst der Bewohner eines Souterrains kann eine beträchtliche Anzahl von Aphrodisiaka ziehen, vorausgesetzt, daß er über ein Mindestmaß an Tageslicht und frischer Luft verfügt.

Ihm steht eine lange Reihe von Zwergbäumen, blühenden Zwiebelgewächsen und Kräutern zur Auswahl, und, was das Beste ist, er kann jene saftigen und stimulierenden Schwämme anbauen, ohne größere Unannehmlichkeiten in Kauf nehmen zu müssen.

Zuerst muß der Aphrodisiaka-Zimmergärtner sich mit einer Anzahl von Schüsseln, Töpfen und flachen Kisten versorgen. Er muß sich auch im Klaren darüber sein, wieviel Platz ihm zur Verfügung steht, und dann überlegen, wie er ihn am besten nutzen kann. Auf keinen Fall darf er aber den Fehler machen, ein Zuviel von Flora in einen engen Raum zu stopfen.

Es nützt einem überhaupt nichts, so viele Pflanzen auf eine beschränkte Fläche zu pferchen, daß das Ernten der Aphrodisiaka in eine Art Dschungelsafari mit Machete und allem Drum und Dran ausartet.

Die Zimmergärtnerei sollte stets mit nötiger Vorsicht begonnen werden.

Unser Außendienstpersonal stimmt darin überein, daß der Besitzer einer Wohnung im Kellergeschoß gut beraten ist, sich hauptsächlich auf Pilze und eine beschränkte Zahl von (untergeordneten) Hilfspflanzen wie Alpenveilchen, Tulpen, Lavendel und Rosmarin zu konzentrieren.

Diese Zusammenstellung, die wir in unseren verschiedenen Broschüren als Souterrain-Quintett bezeichnet haben, war in Krautostheim, Neustadt, Horneburg, Krusendorf und Bruchhausen erfolgreich. Sie macht auch in Goslar und Rüsselsheim Fortschritte.

Natürlich stellt sie nicht die einzige Lösung dar, aber sie hat den Vorzug der Einfachheit, und sie schlägt ein.

39. Wir geben zu, daß das ***Alpenveilchen*** strenggenommen keine Zimmerpflanze ist und sich in großen Städten nicht besonders glücklich fühlt. Trotzdem weiß es rücksichtsvolle Behandlung zu schätzen:

- Einen Platz vor einem nach Osten gelegenen Fenster
- und genug Wasser, damit die Erde feucht bleibt.

und selbst wenn sich die Blumen schlecht entwickeln, sind ja die Wurzeln noch da.

In der Tat ist es besser, die eingetopften Pflanzen, ob sie nun blühen oder nicht, zu kaufen und den unvermeidlichen Verfall der Blüten geduldig zu ertragen. Mit, sagen wir, einem halben Dutzend Töpfe im Zimmer haben Sie eine strategische Reserve von Aphrodisiaka in greifbarer Nähe. Obwohl wir, wie bereits betont, keinen Beweis für die Wirksamkeit des Alpenveilchens haben, mag die Kenntnis davon, daß es seit Urzeiten in Liebestränken verwandt wurde, den Gärtner etwas ermutigen.

Im Notfall können die Wurzeln des Alpenveilchens einem amourösen Gebräu die besondere Note verleihen. Wie dem auch sei,

- reinigen Sie die Wurzeln gut,
- schneiden Sie sie in angemessen lange Stücke,
- und werfen Sie einige davon in eine der mittelalterlichen Liebesbrühen.

Sie könnten den Geschmack von Albertus Magnus‘ bekanntem Rezept zur Wiederherstellung verlorener Schwungkraft:

- das Gehirn eines Rebhuhns,
- zu Pulver gebrannt und in Rotwein aufgelöst

nur verbessern.

40. Was unser Anliegen betrifft, muß auch die ***Tulpe*** erst noch beweisen, daß sie eine aphrodisische Pflanze ist.

Die Blüten sind natürlich ohne Bedeutung, obgleich es einige Spielarten gibt, die sehr anziehend sind. Wir können jedoch nicht ganz vergessen, daß Tulpenzwiebeln in vergangenen Zeiten tatsächlich in viele Hexenkessel wanderten. Deshalb besteht, psychologisch gesehen, ein gewisser Anlaß dazu, drei oder vier in übriggebliebenen Töpfen auf der Fensterbank zu ziehen.

In einem müßigen Augenblick mögen Sie sich dann bewogen fühlen,

- eine der Knollen in Scheiben zu schneiden
- und diese einem nicht ganz gelungenen Salat beizufügen.

Vielleicht bewirkt er dann,

- wenn Sie die richtige Beschwörungsformel murmeln,

irgendeine interessante Reaktion.

41. Von größerem Wert für den Aphrodisiaka-Gärtner sind ***Lavendel*** und ***Rosmarin.***

Ersterer ist leichter anzubauen, aber letzterer bietet so viele Möglichkeiten, daß die besondere Pflege und Aufmerksamkeit sich zehnfach bezahlt machen. Jedes der beiden Kräuter hat eine lange und verbürgte Geschichte als anregende oder medizinische Pflanze hinter sich.

Die beste Zeit für Lavendelableger

- ist der August,
- aber auch im Frühjahr und Sommer schlagen sie bereitwillig Wurzeln.

Ein Dutzend Zehn-Zentimeter-Töpfe dürften genügen, den Bedarf eines durchschnittlichen Souterrainbewohners zu decken. Um die Frische der charakteristisch grünen Blätter zu erhalten,

- gebe man den Pflanzen alles Licht, das verfügbar ist,
- und übertreibe das Gießen nicht.

Zu den vielen Eigenschaften des Lavendels gehören der beruhigende Einfluß, den er auf den Magen ausübt, seine Anwendungsmöglichkeit als Desinfektionsmittel, sein Vermögen, Verrenkungen, Kopf-und Zahnschmerzen zu erleichtern. Fliegen meiden ihn, und nach Meinung der alten Dämonologen hielt der wohlriechende Duft des Lavendels böse Geister ab. Das wichtige Lavendelöl wird aus den Blättern und Stielen bereitet und ist seit frühesten Zeiten ein Bestandteil von Liebesgetränken gewesen. Hinweise auf seine aphrodisischen Wirkungen sind nie sehr eindeutig, aber wir können vermuten, was Shakespeare dachte, als er die Pflanze als »heißen«[110] Lavendel bezeichnete.

Das Problem, das Rosmarin als Hauspflanze aufgibt, ist, daß er gerne wuchert und unordentlich aussieht:

- Geben Sie ihm Halt
- und einen trockenen Platz,

wird er sich bald an Ordnung gewöhnen.

Wie Lavendel hat er ein Dutzend Verwendungsmöglichkeiten. Pflanzenkenner versichern uns, daß er den Haarwuchs fördert; er heilt Kopfschmerzen; er beruhigt Wahnsinnige; ins Badewasser gegeben, erhält er Jugend und Schönheit. Als Gewürz und Anregungsmittel taucht Rosmarin häufig in Rezepten aller Art auf. Er verleiht solch verschiedenen Gerichten wie gedämpften Kapaunen, Rindfleisch, Lamm, Wild, Kalbsröschen, Erbsensuppe, Schweins- und Weinsoße und Würstchen einen pikanten Geschmack. Wir schlagen vor, daß sie seine Wirksamkeit zuerst in folgendem Gericht des siebzehnten Jahrhunderts ausprobieren:

- Man nehme ein Filetstück vom Rind
- und würze es auf der Knochenseite mit geriebener Muskatnuß sowie einer Mischung aus Pfeffer und Salz;
- man lege es in eine kleine Tonpfanne, mit der Fettseite nach unten.
- Man nehme dann drei Schoppen Holunderbeerwein
- und genauso viel Wasser
- und drei große Zwiebeln
- und ein zusammengebundenes Büschel Rosmarin;
- dies alles gebe man in die Tonpfanne
- und lasse das Ganze ohne Unterbrechung drei oder vier Stunden auf kleiner Flamme schmoren,
- wobei sie fest zugedeckt werden.
- Dann richte man es auf gerösteten Brotschnitten an,
- puste das Fett von der Bratensoße
- und gieße etwas Soße über das Rindfleisch.
- Jetzt können Sie es auftragen.

Wir sind überzeugt, daß Sie, durch obige Spezialität gestärkt, in den Augen Ihrer Herzensdame zu neuen Höhen emporsteigen werden. Ihre Stärke und Ihr Durchhaltevermögen werden phänomenal sein. Und der Rosmarin, den Sie in Ihrem Erdgeschoß gezogen haben, wird zu einem unvergeßlichen Ereignis beitragen. Kein Wunder, daß Ophelia sagte: »*Hier ist Rosmarin, das ist zum Andenken.*« Vielleicht gab sie Hamlet die Pflanze, um ihn an ihr Stelldichein am Valentinstag zu erinnern, als er »*Ließ ein die Maid, die als 'ne Maid ging immer mehr herfür*«.

42. Ehe man versucht, ***Pilze*** im Keller anzusiedeln, muß man gewisse Vorsichtsmaßnahmen treffen:

- Teilen Sie ein Ende des Raumes als Anbaugebiet ab,
- und installieren Sie ein ausreichendes Lüftungssystem.
- Dann hämmern Sie ein festes Gestell zusammen, das drei oder vier ziemlich große Einsätze übereinander tragen kann.
- Diese Einsätze sollten ungefähr 120 Zentimeter lang, 60 Zentimeter breit und 15 Zentimeter tief sein.
- Das Füllen der Einsätze bereitet heutzutage keine Schwierigkeiten mehr. Mehrere Firmen stellen geeigneten Kompost her, der keinen anstößigen Geruch hat und verhältnismäßig sauber zu handhaben ist.
- Sollte sich einmal der Kessel der Zentralheizung der Kontrolle entziehen, wird die Temperatur in den Beeten möglicherweise auf 55°C steigen, so daß Kondensation eintritt:
- Ein Streifen Juteleinwand, der oberhalb der Einsätze über die Decke gezogen wird, wird dabei helfen, die Feuchtigkeit aufzusaugen.
- Mit dem Einsetzen der Schwimmer warten Sie am besten, bis die Temperatur auf 20°C gefallen ist.
- Bringen Sie die Erde ungefähr drei Wochen später ins Gestell.
- Wenn alles gutgeht, müßte Ihre erste Pilzernte innerhalb von fünf bis acht Wochen nach dem Einsetzen reif sein.
- Denken Sie daran, den Boden im Gestell feucht zu halten.

Wenn Pilze in einem aphrodisischen Gericht Verwendung finden sollen,

- schneiden Sie sie niemals ab.
- Legen Sie die Handinnenfläche auf den Schirm,
- umfassen Sie den unteren Teil des Stiels mit den Fingern,
- drehen Sie Ihre Hand leicht,

- und ziehen Sie sie gleichzeitig nach oben.
- Drehen und ziehen Sie so lange, bis Sie genug Pilze zu einem ausreichenden Mahl zusammenhaben.

Bevor wir uns jedoch in die Küche begeben, wollen wir den Nährwert und aphrodisischen Gehalt des Pilzes untersuchen. Vom wissenschaftlichen Standpunkt aus erhält er einen hohen Prozentsatz von Glykogen, jenem öligen und süßen Stoff der für unsere tägliche Ernährung so wichtig ist. Da er auch äußerst reich an Eiweiß ist, vereinigt der Pilz auch die Vorzüge des Fleisches in sich, ohne dessen Unverdaulichkeit zu besitzen. Es überrascht deshalb nicht weiter, daß englische Ärzte empfehlen, Pilze so regelmäßig wie Kartoffeln zu essen. Schließlich und endlich sind die Kartoffeln insoweit überlegen, als sie auf viel mehr Arten zubereitet werden können. Niemand würde Einspruch erheben, wenn Pilze zweimal in demselben Menü auftauchten, vorausgesetzt, daß der Küchenchef sie verschieden behandelt hat.

Wegen ihrer Anregung zum Geschlechtsverkehr wurden Pilze schon von den alten Ägyptern, Griechen und Römern genossen, und die klassische Literatur enthält zahlreiche Hinweise darauf, daß er in gar mancher gastronomischen Ouvertüre zu einem Werk voller Leidenschaft enthalten war:

Noch heute können wir Abschriften alter Rezepte lesen, in denen Pilze unter den Zutaten angeführt werden.

Es ist gesagt worden, daß sich der Name Mykene[111], der griechischen Stadt, von mykes (Pilze) herleite. Die Sage will wissen, daß Perseus, der Begründer der Stadt, als er durstig einen Pilz aufhob und das Wasser trank, das aus ihm floß. Er drückte seine Dankbarkeit dadurch aus, daß er den Ort »Mykene« nannte.

Vom Standpunkt des Erotologen haben Pilze als Aphrodisiaka den großen Vorteil, daß sie mit einer Vielzahl von Gerichten serviert werden können, mit Hasenragout, Huhn, Wachtel, Seezunge, Schinken, Kalbfleischpastete und Lendensteak. Sogar allein gegessen, können Pilze einen Mann ausgezeichnet auf seine nächtliche Pflicht vorbereiten, solange sie fachmännisch vorbereitet werden und in genügender Zahl vorhanden sind. Jeder, der diese Feststellung anzweifelt,

- sollte zwei Pfund Pilze mit einem großzügigen Klacks Butter in eine Bratpfanne geben.
- Fügen Sie Salz und Pfeffer hinzu,
- und lassen Sie die Pilze eine Weile kochen.
- Holen Sie in der Zwischenzeit eine Schüssel,
- und verrühren Sie zwei Eidotter,
- einen Teelöffel Maismehl,
- ein Glas Sahne
- und etwas gehackte Petersilie.
- Kippen Sie dies alles in die heiße Pfanne mit den Pilzen.

Diese Pilzsoße ist eigentlich dazu gedacht, andere Gerichte zu ergänzen, aber setzen Sie sich hin, und bedienen Sie sich. Wir bezweifeln, daß Sie alles schaffen können, denn wenn Sie zwei oder drei Teller voll genossen haben, werden Sie sich mit Appetit erheben – aber nicht zum Essen.

Falls Sie sich am nächsten Tag schlapp fühlen sollten,

- pflücken Sie einige Ihrer größeren Pilze,
- reinigen und schälen sie
- und entfernen die Stiele.
- Nachdem Sie einen kurzen Schnitt in die Krone jedes Pilzes gemacht haben,
- lassen Sie sie in eine Schüssel mit Olivenöl fallen
- und fügen Salz und Pfeffer hinzu.
- Ein paar Stunden ziehen lassen.
- Inzwischen wiegen Sie etwas Knoblauch, Petersilie und Thymian klein.
- Dann holen Sie die Pilze aus dem Öl,
- legen sie auf den Bratrost
- und bedecken sie mit den zerkleinerten Kräutern,
- wobei Sie von Zeit zu Zeit etwas Öl dazutun.
- Träufeln Sie vor dem Genuß noch etwas Zitronensaft über das Zubereitete.

Nach diesem anregenden Mahl sollten Sie Ihre Zähne putzen, sich schnell rasieren und ihr per Telefon mitteilen, daß Sie auf dem Wege seien. Es dürfte Ihnen eine weitere anstrengende Nacht bevorstehen.

KAPITEL ACHT

Gärten aus Stein? Nein!

Unsere eigenen Ansichten über Steingärten sind unzweideutig. Als langjähriger Liebhaber von Aphrodisiaka könnten wir nichts entdecken, was zu ihren Gunsten spräche. Wir wissen den ästhetischen Reiz blaugrauen, vom Wasser zermürbten Kalksteins, sonnengebrannten Kieselsands und grobgehauenen Mühlsteinkiesels sehr wohl zu schätzen. Wir lassen die Schönheit einer erlesenen Sammlung farbenfreudiger Alpenpflanzen gelten. Wir räumen ein, daß in einem winzigen Wasserfall, in Schrittsteinen und gepflasterten Spazierwegen etwas Malerisches liegt.

Nichtsdestotrotz können wir bei genauerem Hinsehen getrost auf Steingärten und all dies verzichten. Und Kalksteine stehen einem nur im Weg, nehmen einem wertvollen Platz fort, auf dem Aphrodisiaka wachsen könnten.

Gleichzeitig verschließen wir unsere Augen nicht vor der Tatsache, daß viele Gärtner landauf, landab keine Mühen und Kosten gescheut haben, um aus ihrem bescheidenen halben Morgen eine felsenübersäte Fläche mit nicht effektiven Pflanzen zu machen. Sie sind eben passionierte Steingärtner. Wir können deshalb nicht erwarten, daß sie ihrer Hände Werk zerstören und noch einmal von vorne anfangen.

Wenn sie überhaupt daran interessiert sind, Pflanzen zu ziehen, die ihnen helfen könnten, ihre sexuellen Probleme zu lösen, dann können wir ihnen höchstens einige Hinweise geben, wie aus ihrem jetzigen Garten das Beste zu machen ist. Am Anfang wird Charakterstärke und Schwerstarbeit nötig sein, aber das Endergebnis ist alle Mühe wert.

Der Steingärtner muß sich mit der Tatsache vertraut machen, daß der größte Teil seiner existierenden Gewächse weichen muß. Für unsere Zwecke sind sie leider nicht zu gebrauchen. Schon die Namen von einigen jagen uns eisige Schauer über den Rücken. Sicherlich möchte kein Aphrodisiaka-Anbauer von Ruf mit Schnee im Sommer oder mit Lithospermum Prostratum[112] (prostratum, jawohl!) oder mit Keuschheitschrysanthemen oder gar mit der Stachligen Grasnelke in Verbindung gebracht werden. Auch würde er sich nicht von der irreführenden Namensgebung anderer Pflanzen wie Troddelhyazinthe, Goldreis und Gehörnter Rapunzel hinters Licht führen lassen wollen.

Gewiß kann man mit manchen seltsamen Gewächsen ab und zu etwas anfangen:

- Lauch beispielsweise gehört zu derselben Familie wie Porree, Zwiebeln und Schalotten. Mit Recht darf man daher annehmen, daß seine Zwiebeln ein gerüttelt Maß an aphrodisischem Gehalt aufweisen.
- Gewisse Sorten der Andromeda können als eine Art wilder Rosmarin sehr gut als anregendes Gewürz Verwendung finden.
- Auch ist es möglich, der Gaultheria[113] ein Öl zu entziehen, das stärkende Eigenschaften besitzt.

Was die Bärentraube betrifft, so haben wir uns darüber noch keine endgültige Meinung bilden können. Wie schon der Name sagt, ist Meister Petz den Beeren sehr zugetan, aber wir können nicht sagen, welche Wirkung sie haben.

Die gegenwärtige Lage ist die, daß einer unserer Außendienstmitarbeiter, Herr Lerche, zwei Wochen lang in verschiedenen Gerichten mit der Bärentraube Versuche anstellte. Er steht noch unter Beobachtung, aber der Dermatologe behauptet, daß sich der Hautausschlag nicht mehr ausweitet.

Wir warten noch auf Herrn Lerches Bericht über die aphrodisischen Verwendungsmöglichkeiten der Trauben.

Unser Forscherteam hat in seinem Bericht über die gegenwärtige Lage der Steingärten 163 Pflanzenarten angeführt, die in Groß-Hamburg auf künstlichem Grottenwerk wachsen. Nachdem wir alle jene gestrichen haben, denen aphrodisischer Gehalt völlig abgeht, bleiben uns

- Artemisia,
- Papaver Somniferum[114],
- Alpenveilchen,

- Thymian,
- Ehrenpreis[115],
- Verbene[116],
- Schafgarbe
- und Dost[117].

Alles andere kann mit ruhigem Gewissen ausgerissen und dem Feuer übergeben werden.

Gleichzeitig sollte man alle Artemisias und Papaver Somniferum beseitigen. (Die latenten Gefahren der ersteren, deren bekannteste Spielart der Wermut ist, haben wir bereits besprochen; das Opium, das aus der letzteren gewonnen wird, gibt dem Geschlechtstrieb einen zeitweiligen Aufschwung, aber es liegt uns nichts daran, süchtig machende Drogen zu empfehlen.)

Was den Rest betrifft – Alpenveilchen, Thymian, Veronica (Ehrenpreis), Verbene, Schafgarbe und Dost –, so kann er als Grundstock für den Aufbau eines aphrodisischen Steingartens dienen, obwohl ein zweifelhafter Ausläufer darunter ist: das Alpenveilchen nämlich. Wir haben widerstrebend zugegeben, daß es eine effektive Pflanze sein könnte.

Thymian ist auf unsere Marktschreierei nicht angewiesen. Seine Fähigkeit, *»Muth zum Verschlusz«* zu entfachen, ist seit langem anerkannt.

Veronica und Verbene werden von den Experten stets als nützliche Zutaten zu Liebes-und Zaubergetränken erwähnt. (Die Verbene war in der Tat eine der Aphrodite geweihten Pflanzen; sowohl Hippokrates wie auch der Ältere Plinius waren davon überzeugt, daß sie Manneskraft herbeiführe.)

Achillea ist nur eine gelehrte Bezeichnung für die Schafgarbe oder Alter-Mann-Pfeffer (was für sich selbst spricht), ein bekanntes Stärkungs- und Anregungsmittel.

Genauso erkennen wir in Dost, wenn wir ihn mit seinem bekannten Namen als Majoran bezeichnen, das streuende Kraut, nach Kulpfefers Meinung *»hervorragend für das Gehirn und andere Körperteile«*.

Wenn der Steingarten erst einmal von wirkungslosen Alpengewächsen befreit ist, sollte das Anpflanzen von Aphrodisiaka im Steingarten wenig Schwierigkeiten machen:

- Offensichtlich werden einige der Felsen ausgegraben und fortgeschafft werden müssen. Schließlich hat keine selbstbewußte Pflanze viel dafür übrig, sich ihre Wurzeln auf Kalkstein zu zerstoßen, mag er auch noch so blaugrau und vom Wasser zermürbt sein.
- Um die Lücken zu füllen, wählen Sie zwischen Kerbel, Salbei, Dill, Lorbeer und Estragon.
- Wenn Sie Platz genug haben, nehmen Sie natürlich alle.

43. Kommen wir nun zur Verwendung der oben aufgeführten ***aphrodisischen Gewürzkräuter für den Steingarten.*** Sie werden gut daran tun, jenem kleinen, zartblättrigen, petersilienähnlichen Kraut, dem Kerbel, beträchtlichen Raum zuzuweisen.

Damit Sie sich laufend versorgen können,

- säen Sie ihn in monatlichen Abständen zwischen Frühjahr und Herbst.
- Regelmäßiges Begießen wird viele Blätter hervorbringen helfen und die Pflanze davon abhalten, zu schnell zu blühen.
- Die Blüten können als nutzlos abgeschrieben werden, aber die feingeschnittenen Blätter, zum Würzen und Garnieren gebraucht, haben seit langem schon einen Ruf als anregende Bestandteile von Liebesrezepten, besonders von Suppen, Soßen und Schmorbraten.

Versuchen Sie Kresse zuerst in einer appetitanregenden Suppe, nur um hinter die allgemeine Wirkung zu kommen:

- Nachdem Sie ein Kartoffelpüree bereitet haben,
- gießen Sie eine gute Suppenbrühe darüber, und stellen Sie es zum Kochen auf.
- Rühren Sie es solange um, bis es kocht,
- und fügen Sie dann gehackte Kresse hinzu.
- Drei Minuten kochen lassen.

Sie werden feststellen, daß diese Suppe angenehm anregend ist, aber wir raten Ihnen, sich vor einer Liebesbegegnung mit dem folgenden Gericht in Schwung zu bringen:

- Eine gezweiteilte Zwiebel, ein Lorbeerblatt und einen Kerbelzweig
- in eine große Kasserolle legen.

- Ein kleines Sieb darübersetzen,
- dort zwei oder drei Forellen hineintun,
- sie mit Weißwein übergießen
- und zehn Minuten lang bei starker Flamme kochen lassen.
- Die Fische in eine flache Schüssel legen und zum Trocknen in den Ofen schieben.

Wenn Sie nach diesem aufpeitschenden Mahl der Lage gewachsen sind, vergessen Sie nicht, daß der Kerbel aus Ihrem eigenen Steingarten seinen bescheidenen Beitrag dazu geleistet hat. Und was immer Sie tun, versuchen Sie, Ihre Leidenschaftlichkeit in vernünftigem Rahmen zu halten. Unter dem Einfluß von nicht weniger als fünf Aphrodisiaka – darunter Kerbel – mag sich herausstellen, daß die Dinge Ihnen über den Kopf wachsen. Erinnern Sie sich daran, daß Claudio in »Maß für Maß«[118] ins Gefängnis befördert wurde, weil er *»in gewissen Flüssen nach Forellen gefischt«* hatte.

Einige Kapazitäten empfehlen, Salbei von Samen zu ziehen, aber da das eine unsichere Angelegenheit ist, raten wir,

- Ableger alter Pflanzen zu kaufen
- und im Frühjahr zu pflanzen.

Wenn der Salbei in ein warmes, schattiges Beet gesteckt wird, ist das um so besser, aber gewöhnlich ist der Anbau ganz einfach.

Mit seinem stark minzigen Geschmack gibt Salbei ein ausgezeichnetes Würzmittel für Würstchen, Schweinefleisch, Ente, Fleischsuppen und gewisse französische Käsesorten ab, aber wegen seines kräftigen Aromas sollte er nur sparsam verwendet werden. Ein Lieblingskraut des Mark Aurel[119], taucht er im Laufe der Jahrhunderte häufig in Liebesmitteln, Speisen und Getränken auf. Einige der Eigenschaften, die der Pflanze zugeschrieben werden, grenzen einfach ans Wunderbare.

Bei den alten Römern gab es ein Sprichwort, das lautete: *»Warum sollte ein Mann sterben, in dessen Garten Salbei wächst?«*

Nach Chaucer, dem Dichter der berühmten »Canterbury-Geschichten«, entgingen Ritter, die in der Schlacht schwer verwundet worden waren, einer Amputation dadurch, daß sie ein Glas Salbeitee tranken.

Sechs Salbeiblätter gehörten zu den Bestandteilen einer berühmten Schweinefleisch-und Weinsoße des achtzehnten Jahrhunderts, während ein Jahrhundert später Dickens[120] das duftende Kraut zusammen mit einer gebratenen Gans genoß.

Die anregende und stärkende Wirkung des Salbeis hat sich in so vielen aphrodisischen Gerichten kundgegeben, daß wir zögern, eins davon mehr zu empfehlen als das andere. Der einfachste Versuch wäre vielleicht,

- etwas gehackten Salbei mit Tomaten oder gebackenen Bohnen zu genießen.

Falls Sie sich jemals auf so etwas wie einen verzögerten Angriff einlassen, dann stärken Sie sich vorher mit, sagen wir,

- einer Schweinefleisch- oder Entenspezialität, die mit Salbei gewürzt worden ist.

Das Vorhandensein des Krautes wird sicherlich helfen. Schließlich versichert uns Pflanzenkenner Gerard, daß es *»das schwache Zittern der Glieder«* beseitigt, und außerdem wird jeder zustimmen, daß Salbei einer Füllung den gewissen Pfiff verleiht.

Bedauerlicherweise ist Dill eines jener Kräuter, die mehr und mehr außer Kurs kommen. Dill gehört, strenggenommen, zur Familie der Karotten und kann bei uns ohne Schwierigkeiten gezogen werden. Er wird bis etwa neunzig Zentimeter hoch.

- Säen Sie ihn im April in gutgedüngten Boden.
- Um beste Erfolge zu erzielen, sollte man ihn regelmäßig hacken und begießen.

Sowohl die Blätter als auch die Samenkörner sind seit Hunderten von Jahren in den Gebräuen und Zaubergetränken von Hexen verwendet worden, und allem Anschein nach besitzt Dill bemerkenswerte aphrodisische Eigenschaften. Mit seinem durchdringenden Aroma erinnert er an Kümmel und Anis, die beide scharf sind und stärkend wirken.

Nach medizinischer Ansicht trägt die Pflanze dazu bei, den Organismus zu stärken, und besitzt außerdem eine deutlich aufreizende Wirkung.

Unser Interesse richtet sich auf den unbestrittenen Beitrag, den dieses Kraut zu der aphrodisischen Wirkung verschiedener Suppen, Salate, Fischsoßen und Eigerichte leistet.

Auch einer Anzahl von Gemüsesorten verleiht er würzigen Geschmack, unter anderem den Stangenbohnen, dem Kohl und dem Kartoffelbrei, und zu Fisch verwendet, ist er eine willkommene Abwechslung zu Fenchel.

Falls jedoch ein wirklich aufregendes Gericht gewünscht wird, bereite man einmal einen Hasenbraten auf nach folgende Weise zu:

- Man reinige den Hasen,
- nehme die Knochen heraus,
- binde ihn zusammen,
- lege ihn in die Pfanne.
- Man gebe Öl, Salz, Fleischbrühe, ein Büschel Porree, Koriander, Dill dazu.
- Bei mittlerer Hitze halten.
- Während des Bratens gebe man Pfeffer, Liebstöckel, Stachelkümmel, Koriandersamen, Asafätidawurzel[121], getrocknete Zwiebel, Minze, Raute und Selleriesamen in einen Mörser
- und zerstoße den Inhalt.
- Mit Salzwasser beträufeln,
- Honig und etwas Bratenfett hinzufügen,
- mit verdünntem Weintraubensaft und Essig vermischen.
- Man bringe dies in einem zweiten Topf zum Kochen
- und dicke es mit Maismehl ein.
- Den Hasen losmachen,
- die Soße über ihn gießen,
- ihn mit Pfeffer bestreuen
- und servieren.

Einer unserer fortgeschrittenen Aphrodisiakaforscher, dessen Leistung nach zwei Tellern der obigen Spezialität in den höchsten Tönen gelobt wurde, übermittelte uns diesen kurzen, aber erfreulich inhaltsreichen Bericht: *»Nahrhaft, stärkend, hält einen munter. Äußerst wirkungsvoll. Die einzige Art, Dill zu servieren.«*

Obwohl der Lorbeerbaum aus den Mittelmeergebieten stammt, sind viele der Bäume, die bei uns angepflanzt werden, aus Belgien importiert:

- Setzen Sie die jungen Ableger im August,
- und schützen Sie sie in den ersten Jahren vor unfreundlichen Winden.

Da wir die Bäume hauptsächlich wegen ihrer Blätter pflanzen, dürfen Sie sie nicht mit denen des Kirschlorbeers durcheinanderbringen, wenn Ihre aphrodisischen Experimente nicht ein abruptes Ende finden sollen. Kirschlorbeerblätter enthalten Blausäure.

Klassische Sagen und Legenden enthalten viele Hinweise auf den Lorbeerbaum: Siegreiche Feldherrn, Athleten und Dichter wurden im alten Griechenland und Rom mit seinen Blättern geschmückt.

Priesterinnen ließen Lorbeerblätter in ihre verschiedenen Gebräue fallen, wenn sie ihre geheimnisvollen Riten vollzogen.

Köche haben Lorbeer seit Tausenden von Jahren als kulinarische Zutat verwendet.

Es überrascht nicht weiter, daß der aphrodisische Charakter der Blätter und Beeren von Apicius und Dioscorides geschätzt wurden und in der Folge von allen angesehenen Pflanzenkennern.

Nach Kulpfefers Ansicht ist der Lorbeerbaum *»ein Baum der Sonne«*: wärmend und anregend.

Für die charakteristischen dunkelgrünen Blätter gibt es in der Küche Hunderte von Verwendungsmöglichkeiten. Sie können Fleischbrühen, Marinaden, Geschmortem und gewissen Suppen beigegeben werden.

Ausgezeichnet machen sie sich in Wildpasteten, und auch der Geschmack von Milchpudding kann durch sie verbessert werden. Werfen Sie ein paar Blätter in die nächste Tomatensoße, die Sie bereiten, oder, noch besser, probieren Sie sie mit Spaghetti.

Legen Sie beim Grillen ein Blatt auf ein Hammelrippchen, wenn Sie einen aromatischen Geschmack erzielen wollen.

Wir betonen hier, daß Apicius gewöhnlich jedes Schellfischgericht mit einem Lorbeerblatt bedenkt, während Jahrhunderte später in einem frühspanischen Kochbuch zwei oder drei Lorbeerblätter unter den Zutaten zu einem Rezept für geschmorte Kaninchen auftauchen.

Im neunzehnten Jahrhundert finden wir in Alexandre Dumas »Le Grand Dictionnaire de Cuisine«[122] ein Lorbeerblatt einem Hasenragout beigefügt, und es kann wohl nicht bezweifelt werden, daß Flaubert[123] den Lorbeerblattgeschmack genoß, wann immer er Trüffel á la Ude[124] aß.

Zola[125] hatte bei seinem Kalbsfrikassee ein Lorbeerblatt; Tschechow[126] erhöhte ihre Zahl, wenn es Steinbuttragout gab.

In unserem Jahrhundert schließlich zählen wir im Chateaubriand-Restaurant in New York drei Lorbeerblätter im Boeuf en Daube á la Provencale[127].

Aber während Sie darauf warten, daß Ihr Baum wächst und gedeiht, können Sie ja einige wenige Lorbeerblätter bei einem unternehmungslustigen Gemüsehändler kaufen, und um eine Ahnung davon zu bekommen, was für einen Schatz Sie sich in der Erde zurückgelegt haben, bereiten Sie doch diese Soße:

- Zerschneiden Sie zwei mittelgroße Zwiebeln,
- braten Sie sie in Butter goldbraun,
- fügen Sie ein Glas Essig, ein Glas Weißwein, eine großzügige Prise Pfeffer, etwas Thymian und Petersilie, zwei Gewürznelken und – immer mit der Ruhe! – drei Lorbeerblätter hinzu.
- Dicken Sie das Ganze mit zwei oder drei Teelöffeln Maismehl ein,
- lassen Sie sie eine Dreiviertelstunde kochen
- und seihen Sie sie dann ab.

Probieren Sie sie mit Rind- oder Hammelfleisch, bevor Sie sich auf ihre nächste Verabredung mit Venus einlassen. Wenn Ihr Sternbild dann nicht im Steigen begriffen ist, stimmt irgend etwas nicht ...

Ungemein stärkend und eine Wohltat für Kopf, Herz und Leber,

- sollte Estragon von im Herbst gepflanzten Ablegern gezogen werden.
- Er hat viel für eine sonnige Lage
- und reichen, leichten Boden übrig.
- Für den Wintervorrat ziehen Sie einige Pflanzen heraus,
- und legen Sie sie in einen kühlen Raum oder ein Gewächshaus.

Estragon ist zweifellos den Anbau wert, denn die frischen Blätter dieses duftenden Krautes geben unzähligen Gerichten einen würzigen Beigeschmack, besonders den verschiedenen französischen Soßen wie Béarnaise Mousseline und Hollandaise.

Auch für sich allein verbessert Estragonsoße den Geschmack von Pilzen, Spargel und Artischocken. Versuchen Sie die Blätter mit Omelettes, Fisch, Schmorfleisch und Salat. Estragon paßt auch zu Wild, aber denken Sie daran, daß hier wenig viel bedeutet. Dann wiederum ist er ein nützlicher Bestandteil der Füllungen für Lamm und Fasan.

Entweder als Teil eines Banquet garni[128] oder als selbständiger Gang, hat Estragon sein anregendes Aroma zu Hunderten gastronomischer Köstlichkeiten beigetragen. Vor allem wollen wir Ihnen nicht das Rezept für Poularde á l'Estragon, ein wahres kulinarisches Wunderwerk, vorenthalten. Eveleen de Rivaz empfiehlt es uns in ihrem Buch »Kleine französische Gerichte« aus dem Jahr 1900:

- *»Zuerst müssen Sie ein nicht zu kleines ungekochtes Huhn so sauber und geschickt wie möglich zerschneiden.*
- *Die Beinknochen sollten weit oben abgeschnitten werden, nachdem man das Fleisch zurückgeschoben und die Sehnen beseitigt hat.*
- *Wenn der Knochen abgeschnitten ist, sollte das Fleisch wieder nach vorne gezogen werden, damit der restliche Knochen beim Kochen nicht hervorragt.*
- *Wenn die Geflügelstücke alle säuberlich zurechtgestutzt sind, bestreue man sie mit Salz und Pfeffer*
- *und lasse sie in Butter und einer in Würfel geschnittenen Speckscheibe leicht kochen, bis sie gar sind.*

- *In der Zwischenzeit gebe man einige Estragonstiele in eine Bratpfanne mit einem Glas klarem Traubensaft oder bester Fleischbrühe.*
- *Wenn sie eine halbe Stunde gekocht haben, trage man die Geflügelstücke auf*
- *und gieße die Soße durch ein Sieb darüber,*
- *bestreue sie mit einigen Estragonblättern,*
- *die man vorher blanchiert und grobgeschnitten hat.«*

Nachdem das obige Rezept von einem Mitglied unseres Aphrodisiaka-Speisen-Forschungs-Teams zu uns gedrungen war, beschlossen wir, es nicht den üblichen Weg durch unsere Untersuchungsmaschinerie laufen zu lassen. Statt dessen wandten wir ihm unsere höchstpersönliche Aufmerksamkeit zu. Die Protokollkarte für Estragon spricht für sich selbst (siehe Seite 126).

Zum Abschluß ein Wort an alle, die Fisch vorziehen. Estragon ist in dem folgenden unwiderstehlichen Gericht, das wir einst in Marseille kosteten, genauso wirksam:

- Nehmen Sie einen Aal, eine Schleie und einen Hecht, die Sie reinigen,
- zusammen zerkleinern
- und in einer tiefen Pfanne braten.

Inzwischen bereiten Sie eine Soße,

- indem Sie Weinessig unter Zugabe von Salz, Pfeffer, Gewürznelken, in Scheiben geschnittenen Zwiebeln, Schalotten, Thymian, Lorbeer, Petersilie, Cayennepfeffer und einer reichlichen Portion Estragon kochen.
- Dicken Sie sie mit gebräunter Butter und etwas Mehl ein, und tragen Sie sie zusammen mit dem Fisch auf.

Die Nachwirkungen waren sensationell. Wir teilen jetzt die Ansicht des Marius, daß in Marseille alles viel größer ist[129].

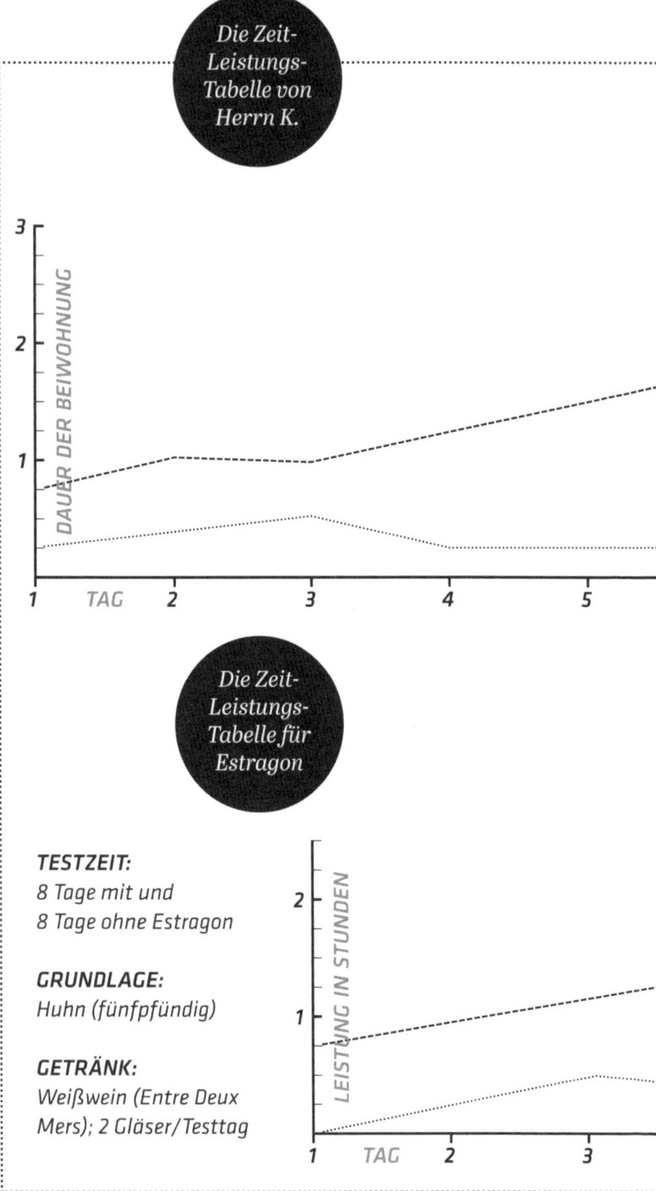

TESTZEIT:
8 Tage mit und
8 Tage ohne Estragon

GRUNDLAGE:
Huhn (fünfpfündig)

GETRÄNK:
Weißwein (Entre Deux Mers); 2 Gläser/Testtag

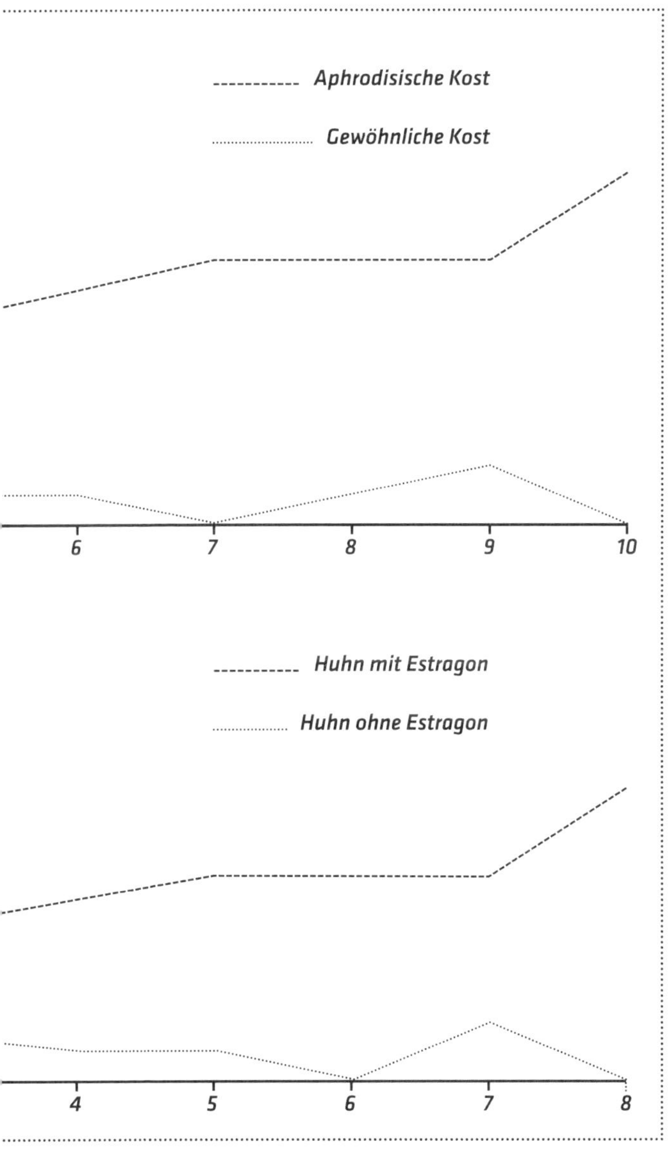
Aphrodisische Kost
Gewöhnliche Kost
6
7
8
9
10
Huhn mit Estragon
Huhn ohne Estragon
4
5
6
7
8

KAPITEL NEUN

Eidotter und Honig

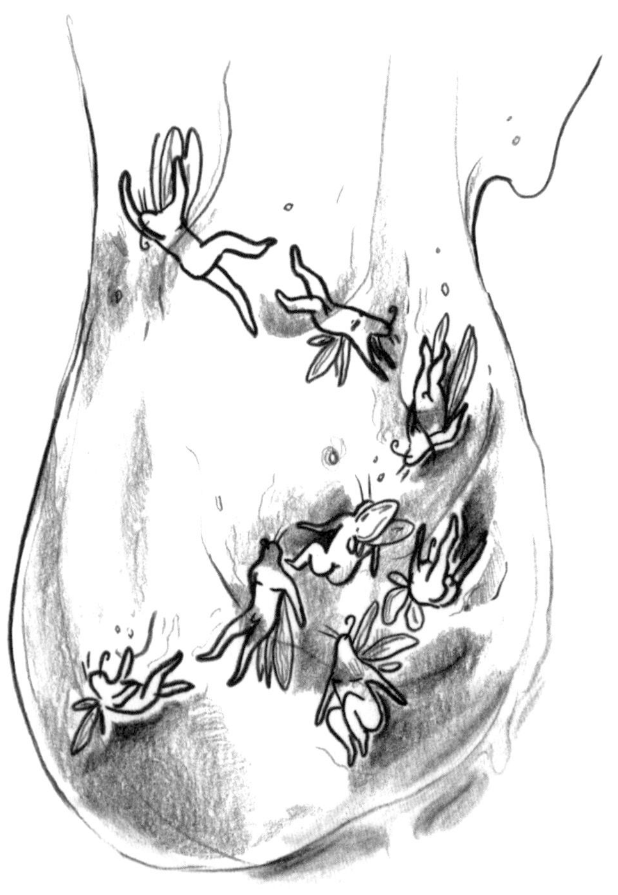

Jetzt, da er entdeckt hat, daß Kräuter nicht so ganz ohne sind und Zwiebeln in der Gemüseliste obenan stehen, dürfte sich der Aphrodisiaka-Gärtner für zwei den Beischlaf fördernde Mittel interessieren, die beide durch eine ertragreiche Nebenbeschäftigung im eigenen Garten erzeugt werden können. Wir meinen natürlich Eier und Honig, zwei der wohl brisantesten Aphrodisiaka, die dem Menschen bekannt sind.

Schon ein kurzer Blick in irgendeine Sammlung von Liebesmitteln, Zaubergetränken und Arzneien zeigt, daß ***Eier*** häufig als Zutaten verwendet wurden. Ebenso bauen die meisten orientalischen Liebespräparate auf einer Honigbasis auf.

Jedem Gärtner wird deshalb sehr geraten, sich Hühner oder Bienen zu halten. Falls er mehrere Morgen Land zur Verfügung hat, wird es ihm zum Vorteil gereichen, für beide Anstalten zu treffen – dabei versteht es sich von selbst, daß auch Schnecken nach besten Kräften gefördert werden sollten:

- Zuerst trennen Sie eine Ecke Ihres Gartens ab.
- Stellen Sie eines jener leicht zu errichtenden »do-it-yourself«, frei Haus gelieferten, Geld-zurück-garantierten, zugsicheren Hühnerhäuschen (wie sie auf der Rückseite der Zeitschrift DM[130] angepriesen wurden) auf,
- und setzen Sie Ihre Hühnchen hinein.

Es gibt Dutzende von Rassen zur Auswahl, aber die steirischen Landhühner[131] scheinen die begeistertsten Eierleger zu sein, warum also weitersuchen?

Unsere eigenen Erfahrungen in der Hühnerzucht sind allerdings eng begrenzt, aber man hat uns zu verstehen gegeben, daß sechs Monate alte Hühner am besten sind. Nachdem Sie ein gutes Handbuch über Hühnerhaltung zu Rate gezogen haben,

- füttern Sie die Tiere gut und warten ab, bis die Eier wie auf dem Fließband angerollt kommen.

Wir haben absichtlich auf alle technischen Ausdrücke wie Stutzen[132], Chalazen[133] und Telegonie[134] verzichtet. Wir sind ausschließlich an den Eiern interessiert.

Seit frühesten Zeiten sind die aphrodisischen Eigenschaften der Eier den Männern aller Völker bekannt gewesen und von ihnen geschätzt worden:

Die erotische Literatur Griechenlands und Roms enthält unzählige Hinweise auf die anregenden Qualitäten der Eier in Speisen und Liebesmitteln.

Genauer beschrieben wird die Wirkung von Eiern auf das Sexualvermögen durch orientalische Autoren, hauptsächlich arabischer Provenienz. Scheich Nefzawi zum Beispiel schwört in seinem Buch »Der duftende Garten« auf

- Hühnerbrust mit Rahm, zerstoßenen Mandeln und Eidottern.

Anderswo findet dieses Unterstützung:

- Mit Eidottern geschmorter Spargel, der mit Safran bestreut wird,
- oder einfach Eidotter mit Safran,

ein Lieblingsaphrodisiakum der Moslems.

Ein hochwirksames arabisches Gericht besteht aus

- Zwiebeln, mit Gewürzen gekocht, in Öl gebraten und mit Eidottern angereichert.

Wenden wir uns dem fünfzehnten Jahrhundert zu, dem »Edlen Buch der Kocherey«, so stellen wir fest, daß hartgesottene Eier zu den Bestandteilen von Fleischpasteten zählten, die möglicherweise von Luther gegessen wurden, nachdem er Katharina von Bora[135] geheiratet hatte.

Thackeray fühlte sich durch die Dotter von drei hartgekochten Eiern, die seiner Potage á la Reine[136] beigefügt wurden, zweifellos gekräftigt, während die vier Eidotter, die mit Zolas Kalbsfrikassee serviert wurden, ihm viel Gutes angetan haben müssen.

Wenn wir den Atlantik überqueren und die Amerikaner ein Omelette aux Tomates mit acht Eiern zubereiten sehen, müssen wir ihre kulinarische Kühnheit einfach bewundern.

Wir erkennen klar, daß eine persönliche Erfahrung hundert Biographien aufwiegt, und deshalb beeilen wir uns, ein Gericht zu empfehlen, das einigen der Eier, die Ihre eigenen Hühner gelegt haben, Ehre erweisen wird. Sie brauchen nur fünf Eier, es wird also kein maßloses Opfer von Ihren Hühnchen verlangt werden:

- Nehmen Sie zwei Schüsseln.
- In die eine werfen Sie drei gehäufte Eßlöffel Puderzucker und in die andere eine Prise Salz.
- Lassen Sie unter gleichzeitigem Rühren die fünf Eidotter in die Schüssel mit dem Zucker fallen. Zu den Eidottern geben Sie ein Gesprengsel von Puderzucker, eine Prise Maismehl und einige Tropfen Vanilleessenz.
- Jetzt schlagen Sie das Eiweiß in der anderen Schüssel, bis es fest ist,
- und fügen es geschickt zu den Eidottern hinzu;
- dabei vorsichtig umrühren.
- Das Ganze in Pyramidenform auf einer feuerfesten Glasplatte anrichten,
- mit Zucker bestreuen
- und drei oder vier Minuten lang auf der Schnellkochplatte lassen.
- Tragen Sie das Ganze zum Ofen hinüber,
- und zehn Minuten später können Sie sich an Ihrem eigenen Omelette Soufflée weiden.

Nach Monsieur de la Reynieres[137] Aussagen kennen die Franzosen 685 Eierspeisen. Dies war eine davon. Wie die meisten anderen kann sie im Notfall sehr schnell zubereitet werden.

Es tauchen unvermeidlich Gelegenheiten auf, bei denen ein ausgeklügelter gastronomischer Auftakt zum Liebesspiel weder zweckmäßig noch möglich ist. In solchen Augenblicken haben wenige blitzschnelle Kunstgriffe mit ein, zwei Eiern die Selbstachtung gar manchen Mannes gerettet.

Und denken Sie daran: Wann immer Sie unerwarteten Besuch haben, bieten Sie der Dame Kaffee an. Sie schleichen in die Küche, gießen sich ein Glas Kognak ein und geben ein Eidotter dazu. Nachdem Sie das geschluckt haben, lieber Mitbruder, haben Sie das Spiel in der Hand!

Auch ***Honig*** hat seit eh und je einen guten Ruf als Aphrodisiakum.

Malereien in Ägyptischen Tempeln und Grabmälern beweisen, daß bereits lange vor der ersten Dynastie die Bienenhaltung in Ägypten in hohem Ansehen stand. Auch wissen wir, daß jeder griechische und römische Landsitz seine eigenen Bienenkörbe besaß. In jenen Tagen war Honig als Süßstoff unentbehrlich, aber auch seine stärkenden Eigenschaften hatte man nicht verkannt. Als die Römer dem Priapus Milch und Honig anboten, dankten sie dem Gott offensichtlich für erwiesene Wohltaten.

Der Aphrodisiaka-Gärtner kann sicherlich auch dann Platz für einen Bienenkorb schaffen, wenn sein Fleckchen Land für ein Hühnerhaus zu klein ist. Alles, was er braucht,

- ist eine Holzkiste mit herausnehmbarer Rückwand und beweglichem Deckel,
- der mit einer Anzahl von Holzrahmen ausgestattet wird, in welche die Bienen ihre Honigwaben bauen können.
- Sorgen Sie dafür, daß die Rahmen unabhängig voneinander verschoben werden können,
- und halten Sie mehrere Extrarahmen in Bereitschaft, durch die Sie volle Rahmen ersetzen können.

Ein großer Vorteil dieses Bienenhaustyps ist seine Beweglichkeit. Als Aphrodisiaka-Gärtner haben Sie natürlich keine Blumen in Ihrem eigenen Garten. Es wird deshalb notwendig sein,

- den Korb in Gegenden zu transportieren, wo die Bienen sich mit Nektar und Pollenstaub eindecken können.

Wie freundlich Ihre Nachbarn auch sein mögen, Sie können nicht erwarten, daß sie Ihren Bienen dauernd freien Zutritt zu ihren Blumenbeeten gewähren.

Man hat uns geraten, Bienen nicht zu kaufen, da abgepackte Schwärme selten erfolgreich sind.

- Bauen Sie um eine verläßliche Königin herum ein Volk auf.

Die Zucht kann ziemlich lange dauern, aber am Ende, wenn Sie einen Schwarm von dreißig- bis hunderttausend Bienen haben, werden Sie zumindest etwas über Bienenzucht gelernt haben.

Und *last but not least* werden Sie über einen bequem zugänglichen Honigvorrat verfügen.

Obwohl auch die Griechen und Römer Honig in aphrodisischen Gerichten verwandten, finden wir in der orientalischen Literatur viel mehr Hinweise auf seine Wirksamkeit als Liebesanregungsmittel:

Ein Gebräu aus Honig und Pfeffer oder Ingwer beispielsweise scheint bei den Arabern allgemeiner verbreitet gewesen zu sein. Dann wiederum hat es den Anschein, als ob Spatzeneier und Reis, in Milch, gereinigter Butter und Honig gekocht, die Grundlage mancher erinnerungswürdigen arabischen Nacht gewesen sind.

Scheich Nefzawi sagt in seinem »Duftenden Garten« Folgendes: *»Wer sich sexuell schwach fühlt, sollte ein Glas dicken Honig trinken und zwanzig Mandeln essen und einhundert Pinienkerne, bevor er zu Bette geht. Dieses sollte in den folgenden zwei Tagen wiederholt werden. Oder er kann Zwiebelsamen zerstoßen und ihn mit Honig mischen und die Mischung einnehmen. Sonst fasten.«*

Honig taucht auch in der Liste anregender Nahrungsmittel auf, die männliche Impotenz heilen und die der Scheich zusammengestellt hat.

Für besondere Gelegenheiten schlägt er vor, daß man

- *»eine Maßeinheit Zwiebelsaft mit zwei Einheiten gereinigten Honigs mische.*
- *Man erhitze dieses über kleiner Flamme, bis der Zwiebelsaft verschwunden ist und nur der Honig noch übrig ist.*
- *Vom Feuer nehmen und abkühlen lassen,*
- *dann für den Bedarf bereithalten.*
- *Eine Unze hiervon wird mit drei Unzen Wasser gemischt,*
- *worin dann Straucherbsen vierundzwanzig Stunden lang eingeweicht werden.*

Dies wird im Winter getrunken, und zwar nachts, kurz bevor man zu Bette geht – wobei man nur einen winzigen Schluck nehmen darf ...«

Die stärkende Kraft des Honigs wird weiterhin in folgendem Rezept aus Indien verbürgt:

»Honig und Taubenblut und, wenn man die Frauen hörig machen möchte, eine Mischung von weißem Stechapfel, schwarzem Pfeffer, langem Pfeffer und Honig. Und wenn der Zirkus das nächste Mal in Ihre Stadt kommt, denken Sie daran, daß das Liebesverlangen unverzüglich durch eine Mischung von Honig und Kamelmilch geweckt wird.«

Angenommen, daß Ihre Bienen fleißig gewesen waren und Sie einen großen Honigvorrat haben, konzentrieren Sie sich inzwischen auf einige der einfacheren Zubereitungen, wie etwa in Honig gebackene Birnen oder Honigkuchen oder Honigbrot.

Wenn Sie die therapeutische Glut, die diese appetitlichen Vorspeisen herbeiführen, am eigenen Leibe erfahren haben, probieren Sie eine größere Wirkung aus,

- ✿ indem Sie die Brust eines fünf pfündigen Huhnes mit einem scharfen Messer durchstechen
- ✿ und es mit einer Mischung aus Honig und zerlassener Butter bestreichen.
- ✿ Schütten Sie den Rest der Mixtur in den Vogel hinein.
- ✿ Legen Sie ihn auf ein Backblech,
- ✿ und lassen Sie ihn zwei Stunden schmoren.
- ✿ Schneiden Sie das Huhn in der Mitte durch,
- ✿ legen Sie es auf einen Servierteller,
- ✿ bestreuen Sie es mit Mandeln und Zucker,
- ✿ und garnieren Sie es mit in Scheiben geschnittenem Ingwer, Kirschen und Wasserkresse.
- ✿ Kurz vorm Auftragen gießen Sie Fruchtsaft aus der Dose darüber.

Und da wir einmal beim Honig sind, spülen Sie ihn in einem Glas Met hinunter.

Einige mögen denken, daß wir unser aphrodisisches Menü überspannt haben, aber *»honig soit qui mal y pense«*[138]. Schließlich hat Scheich Nefzawi für den glücklichen Mann, der sowohl Hühner wie auch Bienen sein Eigen nennt, ein Gericht vorgeschlagen, das große Ausdauer verleiht:

- ✿ *»Er wird etliche Eier in frischem Fett und in frischer Butter braten*

✿ *und sie, wenn sie fertig sind, in Honig wälzen.*

Wenn er davon so viel wie möglich mit einem Stück Brot ißt, wird er die ganze Nacht hindurch für Befriedigung und Erquickung sorgen können ...«

KAPITEL ZEHN

Spezialitäten des Hauses

Nun, da des Aphrodisiaka-Züchters Garten von effektiven Pflanzen nur so strotzt, also mit einem Hühnerhaus am einen Ende, einem Bienenkorb am anderen, einem Fischteich in der Mitte und einem Keller voller Pilze, sollte man ihn, so meinen wir, mit einigen wenigen Rezepten versehen, die ihn in die Lage versetzen werden, seine Erzeugnisse zu seinem größten Vorteil auszunutzen.

Die Gerichte, die wir bereits empfohlen haben, sind vollkommen verläßlich, aber nachdem ein Mann unsere Theorien einmal ohne Einschränkung angenommen hat und selbst dahinter gekommen ist, daß die einzelnen Pflanzen tatsächlich nützen, wird er ohne Zweifel in verschiedene Richtungen vorstoßen wollen. Er wird seine Kräuter, Gemüsesorten, Fische, Pilze, Eier und seinen Honig in weiteren anregenden Zubereitungen ausprobieren wollen.

Dieses Kapitel ist also verschiedenen Zusammenstellungen von Nahrungsmitteln mit aphrodisischen Eigenschaften gewidmet, die sich seit langem bewährt haben.

Zur besseren Orientierung sind die Rezepte unter den folgenden Überschriften zusammengefaßt:

- Suppen,
- Fisch,
- Fleischgerichte
- und Dessert.

Wir geben sie im folgenden ohne größeren Kommentar wieder: Jedes einzelne Rezept ist von unserem *BOCK (Bund Optimistischer Chemiker und Kleingärtner)* äußerst harten Tests unterzogen und von den Mitgliedern unserer ersten Nordamerikanischen Zweigstelle *P.R.I.A.P.U.S. (das Plymouth Rock Institute of Aphrodisiac Producers, United States)* positiv beurteilt worden.

SUPPEN

Potage á la Julienne:

- Man zerschneide Schalotten, Rüben, Porree und Sellerie in Scheiben
- und erhitze sie in Butter.

- Dann gebe man sie in eine kräftige Brühe.
- Wenn die Suppe kocht, lege man einige Erbsen hinein, etwas zerkleinerten Salat, Kerbel und Sauerampfer.
- Fünfundvierzig Minuten lang kochen lassen.
- Ein wenig Zucker verbessert den Geschmack.

Potage á la Ivoire (Ivorische Suppe, Elfenbeinküste)

- Für diese Suppe wird man eines der Hühnchen opfern müssen.
- Man rupfe es
- und lege Herz, Leber und Lunge in eine Kasserolle mit Hühnerbrühe.
- Kochen lassen,
- abschöpfen,
- dann zwei Karotten, eine mit Lauch versehene Zwiebel, Sellerie, eine Stange Porree und eine Prise Salz hinzufügen.
- Auf kleiner Flamme eineinviertel Stunden kochen lassen.
- Durchsieben, so daß man eine klare Suppe erhält.
- Man entferne jetzt die Knochen des Huhnes,
- zerschneide und zerstückele das Fleisch
- und gebe ein paar gekochte Kartoffeln dazu.
- Man siebe es durch, bis man ein Püree erhält, das man der Suppe hinzufügt.
- Kurz vorm Servieren ein Stückchen Butter dazutun.

Selleriecreme

- Nachdem man den Sellerie geschrubbt hat,
- zerschneide man ihn,
- brühe ihn ab
- und trockne ihn dann.
- Man lege ihn zusammen mit einem Stückchen Butter in die Bratpfanne
- und erhitze den Inhalt.
- Eine Prise Mehl, etwas angedickte Fleischbrühe und zwei Eidotter, die man mit Rahm vermischt hat, füge man hinzu.
- Zum Würzen nehme man ein wenig Muskatnuß.
- Heiß auftragen.

(Was die Suppen betrifft, stimmen unsere Ansichten mit denen des Experten Brillat-Savarin überein. Der berühmte Gastronom sagt: »*Suppen sind ein bekömmliches, leicht zu verdauendes, nahrhaftes Gericht, das jeden befriedigt; sie erfreuen den Magen und bereiten ihn auf die Speisenaufnahme und die Verdauung vor. Es besteht allgemeine Übereinstimmung darin, daß man die besten Suppen in Frankreich ißt, und ich habe diese Behauptung auf meinen Reisen bestätigt gefunden. Dieses Ergebnis dürfte nicht überraschen, denn Suppen bilden die Grundlage der französischen Küche, und jahrhundertelange Erfahrung dürften ihre Vervollkommnung abgeschlossen haben.*«)

FISCH

Vol-au-vent de Brochet (Hechtpastete)[139]

- Zuerst bereite man eine Bechamelsoße, indem man rahmhaltige Milch kocht.
- Man knete einen Teelöffel Mehl und einen Klacks frischer Butter.
- Darüber gieße man unter ständigem Umrühren die gekochte Milch und streue eine Prise Salz darüber.
- Zehn Minuten kochen lassen.
- Wenn die Soße vom Feuer genommen ist, füge man ein weiteres Stück Butter hinzu.
- Nachdem man den Hecht gekocht hat, zerschneide man ihn
- – dabei entfernt man sorgfältig alle Gräten –
- und lege ihn in die Soße, zusammen mit in Butter geschmorten Pilzen.
- Damit fülle man die vol-au-vents (Blätterteigpasteten) und achte darauf, daß die Soße nicht zu dick ist.

Carpe en Matelote (Karpfengericht)[140]

- Man lege den Karpfen in eine Kasserolle
- mit einigen kleinen in Butter gekochten Zwiebeln, Salz, Pfeffer, etwas Thymian, einem halben Lorbeerblatt und einem Petersilienzweig.
- Man gieße ein wenig Weißwein dazu
- und erhitze den Inhalt über starker Flamme.
- Wenn der Fisch gekocht und die Flüssigkeit um ein Drittel vermindert ist,

- füge man in Mehl geknetete Butterstückchen dazu, um sie zu binden.
- Mit gerösteten Brotbrocken garnieren und auftragen.

Anquilles aux Champignons (Aal mit Champignons)

- Man koche einige Aale unter Hinzufügung von Pfeffer, Salz und einem Stückchen Butter.
- Danach nehme man sie aus der Pfanne,
- die Soße abtropfen lassen.
- Butter und Mehl zusammenkneten
- und etwas Aalsoße dazutun.
- Zehn Minuten kochen lassen.
- Wenn man glaubt, daß die Mischung dick genug ist, füge man zwei Eidotter, etwas Zitronensaft und einige in Butter gebackene Pilze hinzu.
- Diese Soße gieße man über die Aale und trage sie heiß auf.

(Ein wirkungsvolles Aphrodisiakum!)

FLEISCHGERICHTE (MIT GEMÜSE UND/ODER KRÄUTERN)

Aloyau à la Sunderland (Lendensteak Sunderland)

- Man richte eine Lendenschnitte her
- und spicke sie mit Speckstreifen.
- Mit zwei Gläsern Madeira, etwas Fleischbrühe, Salz, Pfeffer, einem *bouquet garni* (Thymian, Petersilie, Lorbeer) und einer Zwiebel kochen.
- Wenn die Lendenschnitte gar ist, lasse man die Soße abtropfen
- und schöpfe das Fett von der Soße,
- der man einige Essiggurken, rote Beete, Zwiebeln, Sauerkirschen, Pilze und einen Blumenkohl mit einem Schuß Essig hinzufügt.
- Erhitzen, aber nicht kochen lassen,
- und zusammen mit der Lendenschnitte heiß servieren.

Geschmorte Kalbsleber

- Zuerst spicke man die Leber mit Speck, den Sie mit Pfeffer und Salz gewürzt haben.
- Man zerlasse ein großes Stück Butter in einer Kasserolle,
- und wenn es anfängt braun zu werden, die Leber hineinlegen.

- Wenn beide Seiten durchbraten sind, füge man einen Teelöffel Brühe, ein halbes Glas Malzessig, Thymian, Lorbeer, etwas Petersilie und ein Dutzend Kleue, und sauber gehäutete Zwiebeln hinein.
- Man bedecke die Kasserolle und stelle sie eine Dreiviertelstunde auf eine starke Flamme.
- Man knete etwas Mehl und Butter,
- lasse sie nach und nach in die Soße fallen und für weitere zwanzig Minuten kochen.
- Mit viel Soße servieren.

(Wenn man einen zusätzlichen sexuellen Auftrieb erzielen möchte, nehme man Weiß- oder Rotwein anstelle von Essig.)

Lammbraten

- Man röste eine Lammschulter leicht an.
- Dann gebe man ein Stück Butter, mit einem Teelöffel Mehl vermischt, in eine Kasserolle.
- Eine gute Brühe und die Bratensoße dazutun.
- Dann füge man in Butter gebackene Pilze dazu.
- Nachdem man die Soße einige Minuten lang gekocht hat,
- dicke man sie mit zwei Eidottern ein,
- die man mit etwas gekochter Milch verdünnt hat.
- Pfeffer, Salz, Zitronensaft und ein wenig feingeschnittene Petersilie dazutun.
- Kurz vorm Servieren das Fleisch in dünne Scheiben schneiden – zu fette oder zu gebräunte Stücke entfernen – und es in die Soße legen.
- Mit gerösteten Brotstücken servieren.

Poulet Bouilli à l'Americaine (Gekochtes Huhn auf Amerikanische Art)

- In drei Schoppen Wasser koche man eine große Zwiebel, ein Stückchen Butter, eine Gewürznelke und etwas Salz.
- Mittlerweile bereitet man das Huhn vor, indem man Magen, Hals und Fänge[142] entfernt.
- Man lege es mit der Brustseite nach oben in die kochende Flüssigkeit
- und füge Magen, Hals und Fänge hinzu.
- Die Kasserolle decke man zu und lasse den Inhalt fünfundvierzig Minuten kochen.

- Dann nehme man das Huhn heraus, lasse es abtropfen und lege es auf den Teller.
- Man knete Mehl und frische Butter,
- gieße die Flüssigkeit aus der Kasserolle darüber,
- lasse es fünf Minuten unter ständigem Umrühren kochen.
- Man zerschneide das Huhn,
- lege es mit einer guten Prise Salz in die Soße.
- Probieren und, wenn nötig, mehr Salz dazutun.
- Heiß servieren.

Eines der Mitglieder unseres Übersee-Aphrodisiaka-Forschung-Zentrums sagte, nachdem er dieses Gericht auf Herz und Nieren geprüft hatte, er wundere sich gar nicht, daß die amerikanische Rakete den Mond erreicht habe!

DESSERTS (MIT EIERN)
Soufflé au Riz (Reissoufflet)

- Man wasche vier Unzen Reis gründlich
- und koche ihn in einem Schoppen Milch mit etwas Salz und Butter.
- Beim Kochen decke man den Topf zu und lasse den Reis auf kleiner Flamme weiterkochen. Dann tue man drei Teelöffel Puderzucker, wenige Tropfen Vanilleessenz oder zerriebene Zitronenschale, vier Eidotter und ein ganzes Ei dazu.
- Das Eiweiß schlage man,
- gebe es zu dem Reis,
- gieße das Ganze in eine gut ausgefettete Soufflé-Form und
- lasse es dreißig Minuten in einem mäßig erhitzten Ofen.

(Anregend.)

Kalsab[143]

- Man drehe etwas Brot durch den Fleischwolf.
- Davon knete man zwei Tassen voll sowie anderthalb Tassen entsteinte Datteln und ungefähr eine halbe Tasse zerstoßene Mandeln und Pistazienkerne zusammen.
- Man gieße eine Tasse raffiniertes Sesamöl hierüber
- und bearbeite das Ganze mit den Händen, bis beides gut vermischt ist.

- Man forme daraus kleine Bälle,
- die man mit Puderzucker bestäubt.
  Wenn dieser Formungsprozeß so zu schwierig ist,
- füge man etwas Honig hinzu, damit die Bälle geschmeidig werden.

(Schmackhaft und anregend.)

Eiercreme

- *»Man tue ein Viertel guten Rahms in einen Topf über kleiner Flamme, zusammen mit etwas Zimt und einer halben Tasse Zucker.*
- *Wenn es gekocht hat, nehme man es vom Feuer (leicht abkühlen lassen),*
- *schlage acht Eidotter*
- *und gebe einen Löffel Orangenblumenwasser dazu.*
- *Die Eier allmählich der abkühlenden Creme zufügen.*
- *Den Topf über eine sehr kleine Flamme stellen.*
- *Sorgfältig umrühren, bis die Mischung kurz vorm Kochen ist.*
- *Dann schütte man sie in Tassen.«*

Dieses Rezept, aus dem »Begleiter junger Hausfrauen«[144] von 1813, wurde wahrscheinlich von Jane Austen angewandt. Legt der Gebrauch der acht Eier vielleicht den Verdacht nahe, daß es in der Pfarrei von Steventon geheimgehaltene Zerstreuungen gab?

GETRÄNKE

Obwohl sie strenggenommen nicht zu unserem Thema gehören, fügen wir eine Art Nachschrift an und empfehlen einige stärkende Getränke. Manchmal klopft die Gelegenheit in den peinlichsten Augenblicken an die Tür. Ein Glas oder auch zwei von unseren speziellen Mixgetränken werden das Interesse des unerwarteten Besuches wachhalten, während Sie ein schnell zu bereitendes, aphrodisisches Gericht zusammenbrauen.

Liqueur d'Anisette (Anislikör)

- Man gieße drei Schoppen Wasser in einen Topf.
- Dann füge man drei Pfund weißen Kandiszucker hinzu
- und lasse das Ganze für mindestens drei Minuten kochen.

- In eine Schüssel filtrieren und abkühlen lassen.
- Dann füge man zwei Schoppen Alkohol und fünfzig Gramm Anis-Samen-Essenz[145] hinzu.
- In Flaschen gießen
- und luftdicht verschließen.

Von einem unserer älteren Außendienstangestellten äußerst empfohlen; wenn Sie also über vierzig sind, stellen Sie für sich selbst auch eine Flasche zurück.

Madeira-Mix

- Man verrühre vier Eidotter mit ungefähr einem halben Pfund Puderzucker.
- Eine halbe Flasche Madeira, in die man eine Vanillenschote hat fallen lassen, erhitze man.
- Etwas Wasser hinzufügen, auch die Eidotter.
- Umrühren und erhitzen, aber nicht kochen lassen.

(Am besten heiß servieren. Man halte deshalb den Rest im Samowar bereit.)

Knock-Out

- Man tue ein Eidotter, einen Teelöffel Puderzucker und ein Likörglas weißen Portwein in eine Schüssel.
- Etwas Wasser und ein Likörglas Whisky hinzufügen
- und mit eisgekühltem Champagner auffüllen.
- Gut umrühren
- und eine Apfelsinenscheibe hineinwerfen.
- Oft servieren.

Punch au Vin Rouge (Rotweinpunsch)

- Man nehme drei Schoppen guten Rotwein, ein Viertelpfund Puderzucker, ein großes Glas Kognak, ein Glas Curacao, ein Glas Rum, ein Likörglas Maraschino.
- Den Zucker in einer Pfanne mit etwas Wasser schmelzen.
- Den Wein erhitze man, ehe man ihn dazugibt.
- Die Spirituosen erwärme man ebenfalls, bevor man sie hinzufügt.
- Die Mischung bestreue man mit ein wenig Muskatnuß
- und zünde darüber ein Streichholz an.

Findet nun keine Explosion statt, serviere und trinke man den Punsch. (Mordssache!)

Denken Sie daran, daß die Getränke, die wir erwähnt haben, für besondere Gelegenheiten gedacht sind. Als ständige Ergänzung zu unseren Aphrodisiaka-Gerichten halten Sie sich an einen guten Rot- oder Weißwein. Wie Brillat-Savarin unterstreicht, ist das beste Mahl der Welt nichts wert, wenn es nicht von dem dazugehörigen Getränk begleitet wird, und wir bleiben mit aller Entschiedenheit bei unserer Meinung, daß das passendste Getränk für den Aphrodisiakaliebhaber der Saft der Reben ist. Und nicht nur Rabelais hatte recht, als er uns erzählte, daß der Wein die Menschen in den Himmel hebe; auch Chaucer sprach aus Erfahrung, als er die Frau von Bath sagen ließ:

Und nach dem Wein an Venus oft ich denk';
Denn wie die Kälte Hagel macht aus Regen,
Wünscht geiles Maul sich geilen Schwanz zum Segen.
Ein jeder Wüstling weiß nur zu genau,
Daß ohne Widerstand ist eine trunk'ne Frau.

Genießt deshalb Wein zu euren effektiven Kräutern, bei Fisch, bei Eier- und Honigspeisen. Trinkt, ihr Liebhaber, Freidenker, Wüstlinge und Schürzenjäger – ihr alle, die ihr kräftig, wendig und männlich sein wollt. Trinkt, aber seid gewarnt und trinkt mit Maßen.

Das letzte Wort zum Trinken hat, wie zu vielem anderen auch, Shakespeare: »Es entfacht die Begierde, aber es verhindert das Zusammensein.«

KAPITEL ELF

Es ist soweit

Der ehrgeizige Aphrodisiakaliebhaber wird sich nicht nur nach neuen anregenden Rezepten umsehen wollen. Jetzt, da er seinen Garten in eine klug genutzte Fläche umgewandelt hat, die ausschließlich der Erzeugung von Pflanzen gewidmet ist, mit deren Hilfe er dem siebenten Himmel immer näher kommt, tadelloser Pflichterfüllung nämlich, wird er seine Kenntnis über Liebesmittel natürlich erweitern wollen.

Wir beanspruchen nicht, in diesem schmalen Bändchen alle Probleme berührt zu haben. Es war unsere Absicht, die Aufmerksamkeit auf eine ziemlich große Auswahl natürlicher Aphrodisiaka zu richten, in verständlicher Sprache zu erklären, wie der einfache Mann auf der Straße sich mit einer stattlichen Anzahl versehen kann, und interessante Möglichkeiten vorzuschlagen, wie sie für den menschlichen Verzehr zubereitet werden können. Wir bezweifeln nicht, daß Enthusiasten mehr hierüber wissen wollen, nachdem sie die Wirksamkeit derjenigen Rezepte erprobt haben, die bereits untersucht worden sind.

Einige werden Nesseln anpflanzen wollen, um einen Abend in prickelnder Stimmung zu verleben.

Andere werden aus Holzäpfeln[146] nahrhaften Gelee herstellen.

Wieder andere werden mit Uferschnecke[147], Stiefmütterchen, Nabelkraut[148] und Frauenhaar[149] Versuche machen.

Der Anhänger des Dioscorides (s. Fußnote 83), der gelesen hat, daß *»die Wurzel in eingeweichtem Zustand nahrhaft ist, aber Blähungen hervorruft und das Fleisch schwammig macht und die Liebesbrunst entzünd't«*, wird nach der Rübe Verlangen haben.

Der Tourist, der gerade aus Italien zurückgekommen ist, wird Rhabarber pflanzen, den er in Wein mit Zimt, Ingwer und Vanille mischt.

Ein Mann, dessen Frau damit gedroht hat, ihn zu verlassen, wird in aller Ruhe Schafgarbe ziehen, die eine Sieben-Jahres-Liebe für Ehepaare garantiert.

Darin liegt vor allem der Reiz, eigene Aphrodisiaka zu pflanzen und zu ziehen: Auf einem so weiten Feld gibt es immer etwas Neues zu entdecken. Die Zahl der Möglichkeiten ist unendlich.

Im Garten ist auch noch Platz für Brokkoli, Grünkohl, Porree, Wirsingkohl, Wruken[150], Zichorie, Endivien und Bocksbart[151]. Und von den Kräutern und Gewürzen muß der Aphrodisiaka-Gärtner noch die besonderen Qualitäten von Nelkenpfeffer, Pimpinelle[152], Kapern, Balsamkraut, Holunderbeeren, Ringelblumen und Myrrhenkerbel ausprobieren.

Wenn er nach einer erfreulichen Nebenbeschäftigung sucht, kann er sich einen Grundstock mit eßbaren Schlangen zulegen. Auch sie spielen in der vorsexuellen Trainingszeit eine Rolle. Sie alle dienen nur zum Beweis unseres Grundsatzes, daß Nahrung nicht nur zum Leben, sondern auch zur Liebe nötig ist.

In unseren Regalen stauen sich Hunderte von Berichten unserer Außendienstforscher, die alle bestätigen, daß eine systematische Einnahme echter Aphrodisiaka größere Leistung zur Folge habe. Da es sich fast ausschließlich um angesehene, verheiratete Männer handelt, deren Ehefrauen in vielen Fällen nicht einmal ahnen, daß ihre Gatten nach besonderer Diät leben, können wir verständlicherweise keine Namen nennen und auch ihre Untersuchungsergebnisse nicht vollständig veröffentlichen.

Einige zufällige Zitate jedoch werden die Überlegenheit einer aphrodisischen Lebenshaltung beweisen. (Nach jedem Auszug haben wir das einschlägige Nahrungsmittel aufgeführt.):

- *»... um zwei Uhr nachts keine Ermüdungs erscheinungen.«* **(Pilze)**
- *»Ich trage immer noch die Manschettenknäpfe, die sie mir schenkte.«* **(Aal)**
- *»... zum ersten Mal waren wir noch vor den Kindern im Bett.«* **(Sellerie)**
- *»Ich überredete die Gäste, gleich nach dem Kaffee zu gehen ...«* **(Spargel)**
- *»... und deshalb bog ich zum nächstbesten Parkplatz ab.«* **(Eier)**
- *»Ich verließ das Kino während des Hauptfilms und nahm ein Taxi ...«* **(Karpfen)**
- *»... deshalb ließen wir den Abwasch stehen.«* **(Spinat)**
- *»Es war mir unmöglich, mich auf Panorama zu konzentrieren ...«* **(Zwiebeln)**

Auch beeindruckte uns ein Artikel, den ein Mitglied unserer Literarischen und Historischen Abteilung verfaßte und der kürzlich in dem Periodikum »Vierteljahrhefte für Aphrodisiaka-Gärtner« erschien. In einer meisterhaften Analyse von mehr als fünfhundert Verführungsszenen der Weltliteratur zeigt der Autor, daß achtundneunzig Prozent davon auf stärkende Mahlzeiten hin erfolgten.

In einigen Fällen war das Gericht nicht ausführlich beschrieben, aber wir dürfen mit Sicherheit annehmen, daß viele unserer effektiven Kräuter darin eine bedeutende Rolle spielten. Obwohl der Artikel zu lang ist, als daß er hier wiedergegeben werden könnte, haben wir das Gefühl, daß die folgende Zusammenfassung den Kern der gelehrten Untersuchung des Forschers wiedergibt:

Der Verfasser beginnt mit einem Zitat aus der Genesis »*Ruben ging aus zur Zeit der Weizenernte und fand Liebesäpfel auf dem Felde und brachte sie heim seiner Mutter Lea. Da sprach Rahel zu Lea: Gib mir von den Liebesäpfeln deines Sohnes einen Teil*« – und er bemerkt, daß Aphrodisiaka von Anfang an als Tauschobjekt geschätzt wurden. Rahel bedeuteten die Liebesäpfel so viel, daß, um sie zu erhalten, sie ihrem Gatten Jakob gestattete, die Nacht mit ihrer eigenen Schwester zu verbringen.

Die Griechen und Römer, heißt es weiter in dem Artikel, hielten häufig Festgelage ab, und zwar nicht immer, um den Hunger zu stillen. Ehe er sich zu einer Verabredung mit Circe begibt, sagt Emolphius im Satyricon: »*Um meinen erschlafften Körper zu ermutigen ... hielt ich mich an starke Gerichte wie kräftige Brühen und Eier, während ich Wein nur mäßig genoß ... so sehr war ich darauf bedacht, mich meiner Sache bei meiner Geliebten anständig zu entledigen*«.

Ein ähnliches Thema taucht etwa hundert Jahre später im »Goldenen Esel«[153] auf, als Lucius ein Stelldichein mit Fotis hat. Nachdem er Schweinebraten und Huhn sowie einen erlesenen Tropfen hinter sich gebracht hat, sagt er ihr: »*Ich bin wohl gewaffnet und für die gnadenlose Schlacht bereit, zu der du mich herausgefordert hast, zu einer Schlacht, in die kein Herold eingreifen kann, um die Kämpfenden voneinander zu trennen ...*

Ich habe den Angriff den ganzen Tag lang vorbereitet, und jetzt ist mein Bogen so stark gespannt, daß ich fürchte, Horn und Sehne könnten springen, wenn nicht unverzüglich zum Angriff geblasen wird ...«

Dann fällt der Blick des Verfassers auf die Stelle in Boccaccios »Decamerone«[154], wo von Salakhos Verabredung mit Biancafiore in einem Badehaus die Rede ist. Nachdem die Sklaven die Liebenden gebadet und ins Bett getragen haben, *»boten sie ihnen eine Vielzahl von Zuckerwerk an wie auch sehr köstliche Weine«*, um sie auf *un pò d'amor*[155] vorzubereiten. Das »Zuckerwerk« wird nicht genau beschrieben, aber ohne Zweifel enthielten einige der Süßigkeiten Honig.

Dann, indem sich unser Verfasser nun Chaucer zuwendet, zitiert er aus der Geschichte des Thopas:

Die Kräuter sprießen in dem Tal,
Der Ingwer, Süßholz überall,
Gewürznelken sich regen,
Muskatnuß auch fürs Biergebräu,
Sei's abgestanden oder neu
Sie alle bringen Segen.

und führt aus, daß Sir Thopas *»sich nach Liebe sehnte«* und eine Elfenkönigin als Geliebte begehrte, unmittelbar nachdem er diese Kräuter gerochen habe.

In der Untersuchung von Rabelais' »Gargantua und Pantagruel« hebt unser Forscher die These des Epistomen hervor, nach der die Fastenzeit die wollüstigste Zeit des Jahres sei, weil nie mehr von dem gegessen wird, was die Menschheit zu unzüchtigen Handlungen verführt, als zu dieser Zeit. Wie zum Beispiel *»Bohnen, Erbsen ... Zwiebeln, Nüsse, Austern, Heringe ... und Salate, die nur aus Liebeskräutern und -früchten wie Raukenkohl, Estragon, Kresse, Petersilie, Rapunzeln, Mohn, Sellerie angemacht werden ...«*

Wir überblättern einmal die zahlreichen Shakespeare-Zitate und schenken unsere Aufmerksamkeit als Nächstes einem gelungenen Hinweis auf Sir Epikur Mammon in Jonsons »Alchemist«[156]. Nachdem er Lips davon unterrichtet hat, daß er so viele

Weiber und Kebsweiber[157] haben wolle wie Salomon, schlägt er vor, gleich Herkules *»fünfzig Dirnen in einer Nacht«* zu genießen; zuvor lasse er sich aber

»... Bärte von Meeräschen[158]
Anstatt Salat bereiten; Schwämm' in Öl;
Die Zitzen einer trächtigen fetten Sau,
Schwellend und saftig, eben abgeschnitten,
Mit einer scharfen, auserwählten Brühe.«

Aber die treffendste Passage in den Ausführungen unseres Mitarbeiters sind wohl seine Bemerkungen zu Keats' Sankt Agnes-Abend[159]. Er schreibt: *»Wie oft sind doch Philologen in ihrer Interpretation dieses Gedichtes in Irrtümer verfallen. Während sie sich abplagten, Metaphern, unbewußte Prophezeiungen und fallende Rhythmen zu entdecken, ist ihnen die Bedeutung der folgenden Verse vollkommen entgangen«:*

»Indeß bracht er aus dem Gelaß zu Hauf
Den Kürbis, Pflaumen, Quitten, Äpfel viel,
Verzuckert, Säfte milder noch als Rahm,
Und Syrup, der an Zimt so reich ...«

Es ist kein Wunder, daß die alte Hexe aufschrak, als Porphyro seinen Plan darlegte und sie bat, diese Dinge für ihn neben Magdalenens Bett zu stellen. Das alte Mädchen wußte genauso gut wie Porphyro, daß es alles Aphrodisiaka waren. Es überrascht uns keineswegs, daß, als Magdalene aufwachte, der schlaue Porphyro in der Lage war, *»in ihren Traum hineinzufließen«*. Man beachte auch die kunstvolle Einführung der Quitte, die nach Mateoli den Frauen garantiert hilft, Söhne von hervorragender Begabung und Willenskraft zu gebären. Porphyro dachte offensichtlich neun Monate voraus.

Aber ein Beweis für die Wirksamkeit natürlicher Aphrodisiaka bedarf keiner Zeugen, weder aus den Reihen unseres eigenen Forscherteams noch von den Seiten der Weltliteratur. Der ganze Beweis befindet sich – authentisch, nachprüfbar und einleuchtend – in Ihrem eigenen Garten. Die Rezepte, die Sie bereits ausprobiert haben, dürften Sie restlos davon überzeugt haben, daß die richtige Ernährung auch den Geschlechtsapparat ölt. Wie wir selbst, so glauben auch Sie jetzt an das alte Sprichwort *»Wes der Magen voll ist, des steht der Sinn nach Weibern«.*

Und da, wie bei uns selbst, einmal der Tag kommen wird, an dem Sie das beste aller Aphrodisiaka haben möchten, möchten wir mit Ihnen das Geheimnis eines jeden Erfolges verraten, den wir in einem Leben, das der Aphrodite Callipygos[160] gewidmet war, genossen haben. Es liegt in einem Rezept, das von unserer französischen Urgroßmutter dem Papier anvertraut und von Generation zu Generation weitergegeben wurde. Das Papier ist heute vergilbt, und die gestochene Handschrift hat viel von ihrer Lesbarkeit eingebüßt, aber das alte Dokument ist es wert, daß man es aufhebt. Vielleicht wird es zu einem späteren Zeitpunkt in unserem ersten Aphrodisiaka-Museum ausgestellt werden.

Ehe Sie jedoch dieses letzte Rezept lesen, gehen Sie bitte in Ihren Garten und sammeln Sie folgendes:

- Vierundzwanzig Schnecken,
- einen Thymian-und einen Lorbeerzweig,
- eine große Zwiebel,
- eine Knoblauchzehe
- und einen Zweig Petersilie.
- Die anderen Zutaten – Salz, Pfeffer, (weiß, schwarz und Cayenne), Mehl und Butter – werden Sie aus Ihrer Speisekammer herbeischaffen müssen.

Dann folgen Sie bitte den Anweisungen unserer Urgroßmutter:

- *»Man tue Salz, Thymian, Lorbeer, eine große, in Scheiben geschnittene Zwiebel und eine gute Prise Pfeffer in zwei Schoppen Wasser und bringe sie zum Kochen.*
- *Dann werfe man die vierundzwanzig Schnecken hinein,*
- *nachdem man mit der Spitze eines Messers die feine Haut zurückgezogen hat, die das Gehäuse schließt.*
- *Fünfzig Minuten lang kochen lassen,*
- *dann sollen sie in ihrem eigenen Saft etwas abkühlen.*
- *Mit einer großen Nadel hole man die Schnecken aus ihren Häusern,*
- *lege sie in eine Schüssel und schütte den Saft darüber.*

- *Man reinige die Gehäuse in heißem Wasser,*
- *lasse sie abtropfen*
- *und trockne sie.*
- *Man reibe die Schnecken in ihrem eigenen Saft zwischen den Händen,*
- *lege sie in eine Schüssel mit lauwarmem Wasser*
- *und bringe sie dann schnell in einen Durchschlag, um das Wasser abtropfen zu lassen.*
- *Inzwischen verrühre man fünf Gramm frischer Butter*
- *und gebe sie in ein halbes Glas Wasser.*
- *Man füge eine großzügige Prise schwarzen Pfeffer, eine feingehackte Knoblauchzehe und die notwendige Menge Salz hinzu*
- *und lasse das Ganze fünf Minuten lang kochen.*
- *Danach füge man fünfzig Gramm Butter und ein nicht zu knappes Gesprengsel von gehackter Petersilie hinzu.*
- *Umrühren, bis die Butter schmilzt,*
- *und eine Prise Cayennepfeffer hinzufügen.*
- *Ein wenig von dieser Soße gieße man in die Häuser,*
- *und dann tue man die Schnecken wieder in sie hinein.*
- *Man lasse sie fünfzehn Minuten lang in einem heißen Ofen und serviere sie in ihren Gehäusen.«*

Dieses Gericht ist für zwei Personen gedacht. Die aphrodisische Wirkung tritt sofort ein, sie ist aufreizend und anhaltend. Beten Sie deshalb zu Ceres[161], und gehen Sie ins Bett.

Ausnahmsweise wird Venus nicht untergehen, solange Merkur aufsteigen kann.

Register

1 G. Chaucer (1343-1400) aus »Canterbury Tales«
2 W. Shakespeare (1564-1616) aus »Macbeth«
3 Volkstümliche Bezeichnung der Gattung Knabenkräuter
4 Kubeben-Pfeffer ist eine Pflanzenart aus der Gattung Pfeffer, die einzelne Frucht wird als Kubebe bezeichnet.
5 Hat der Autor erfunden wie Loriot die Steinlaus.
6 Vom Autor erfunden
7 Auch das scheint vom Autor erfunden, klingt aber gut.
8 Auch das scheint vom Autor erfunden, aber wer es kennt, kann uns gerne anrufen.
9 Käfer, enthält Cantharidin, ein so genanntes Monoterpen, mit Substanzen in Wermut, Dill und Kampfer verwandt
10 Brechnuss
11 Vom Autor, der in diesem Buch recht viel erfunden hat, erfunden.
12 Darin gibt Ovid (43 v.C.-17 n.C.) Hilfestellungen, wenn es im Liebesleben nicht mehr so gut läuft und als einzige Möglichkeit bleibt, der Liebe ein Ende zu setzen.
13 Martial (40 n.C-104 n.C.), schrieb Epigramme
14 Lucius Iunius Moderatus Columella (-70 n.C.) war ein römischer Schriftsteller, und es ist toll, dass man heute alles bei Wikipedia nachlesen kann.
15 »Wie der Unzuchtteufel mit dem feisten Bauch und dem Kartoffelfinger die zwei zusammenkitzelt! Siede, Lüderlichkeit, siede!« heißt es vollständig bei Shakespeare (1603).
16 Diese Komödie schrieb Shakespeare 1602.
17 Das war eine Tragödie, und Shakespeare schrieb sie 1597.
18 Das Schauspiel schrieb Shakespeare 1611.
19 Auch eine Komödie, und Shakespeare schrieb sie 1600.
20 Voltaire (1694-1778) in »Candide oder Der Optimismus«: »Wir müssen unsern Garten bestellen.«
21 Wir haben das Wort mal drin gelassen. Hat was mit der Patina der damaligen Zeit zu tun.
22 Der am weitesten verbreitete Vertreter der Gattung Paprika.
23 Auch Hexenspucke: landläufige Bezeichnung für die Schaumnester der Schaumzikaden, in denen ihre Larven leben
24 Weibchen mit Legebohrer legen Eier ins Pflanzengewebe, daraus schlüpfen Larven, sogenannte Blattminierer, die in den Blättern fressen, ohne dabei äußere Blatthaut zu verletzen, sie fressen Minen in das Blattgewebe.
25 Auch Obstbaumspinnmilbe oder Rote Spinnmilbe, mit Fraßtätigkeit, die zu reduziertem Triebwachstum, geringer Fruchtgröße, schwacher Ausfärbung der Früchte und Berostung der Fruchthaut führt
26 Pilzlicher Erreger, führt zu Blattfall, Wachstumshemmungen und optischer Beeinträchtigung
27 Weit verbreitete Pilzerkrankung bei Nutz- und Zierpflanzen

28 Rostpilze als gelbliche bis bräunliche Flecken und Pusteln mit Pilzsporen
29 Auch Wurzelpilze: Erreger, welche die Wurzeln von Pflanzen befallen und schädigen (Welken und Aufhellungen) oder Gelbfärbungen der Blätter
30 Auch: Graufäule, häufig vorkommende Pflanzenkrankheit durch Schimmelpilz, der über 235 Wirtspflanzen befallen kann, was eine ganz schön beträchtliche Zahl ist.
31 Vom Autor erfunden, das vermuten wir zumindest. Wer einen Kornwurm kennt, melde sich.
32 Knochensäge aus geflochtenem Stahldraht, wird in der Medizin und Veterinärmedizin zur weichteilschonenden Durchtrennung von Knochen (Osteotomie) verwendet
33 Beiname der griechischen Liebesgöttin Aphrodite
34 Typisch für die Modelle von Haws ist die hochgezogene Einfüllöffnung, die verhindert, dass beim Gießen Wasser überläuft.
35 Larven des Schnellkäfers, fressen Wurzeln von Kartoffeln und anderen Gemüsesorten
36 Dunkelgrau gefärbt und deshalb im Boden oft schwierig zu erkennen, schädigen vor allem junge Pflanzen
37 Kleine Zweiflügler mit einer Körperlänge zwischen zwei und sechs Millimeter, belästigen Menschen und Tiere, führen zu Gesundheitsschäden
38 Auch: Rübenblattlaus, regelmäßiger Gast auf der Ackerbohne und Zuckerrübe, verursacht Saugschäden und überträgt Viruskrankheiten
39 Auch: Rote, Schwarze und Spanische Wegschnecke: Nacktschnecken, ernähren sich u.a. von altem und vermodertem Laub, auch von Salat im Garten oder anderen toten Schnecken.
40 Wirkstoff schädigt die schleimbildenden Zellen, zerstört den Hautschutz der Schnecken und verhindert ihre Fortbewegung sowie Verdauung.
41 Wahrscheinlich vom Autor erfundener, alter Schwede!
42 Wer auch immer dieser Kramer war, er hatte Recht und ganz bestimmt ein langes Leben.
43 Wahrscheinlich Flaubert »Salambo« in Karthago um die Zeit des ersten punischen Kriegs angesiedelt, was eine hilfreiche Information ist.
44 Interessant ist: vom 9.-27. Juli 1575 hielt sich Elizabeth I auf Schloß Kenilworth in Warwickshire bei ihrem Verehrer Robert Dudley, Earl of Leicester, auf.
45 Euleia heraclei ist eine Fliege aus der Familie der Bohrfliegen (Tephritidae).
46 Unbebauter schmaler Streifen Land als Grenze zwischen zwei Äckern
47 Madame de Pompadour, Geliebte Ludwigs (Louis) XV. von Frankreich, gilt auf der ganzen Welt als Synonym für »die« Mätresse schlechthin, und das vollständige Zitat haben wir für unsere francophilen Lerserinnen und lesenden Männer hier abgebildet: »Nous savons, par elle, que Madame était froide à l'excès pour l'amour, et qu'elle essaya de réveiller la nature somnolente en prenant du chocolat ambré à triple vanille, des truffes et des potages au céleri. Ce régime échauffant dérangea tout à fait s a santé«, aus »La Vie amoureuse de madame de Pompadour«.
48 Ausgesprochen 1521 auf dem Reichstag zu Worms
49 Wieder Ovid, aber keine Ahnung, in welches seiner Bücher er das geschrieben hat.
50 Marcus Valerius Martialis (40 n.C.-103/104 n.C), ein römischer Dichter, der vor allem für seine Epigramme bekannt ist. In welchem er das Zitat verewigt hat, weiß wohl nur der Autor.
51 Marcus Gavius Apicius (25 v.C.-42 n.C.), ein römischer Feinschmecker der Antike, von dem »De re coquinaria« (»Über die Kochkunst«), das älteste erhaltene römische Kochbuch, überliefert ist

52 Gehört zu den Blumenfliegen, ist grau bis schwarz, misst sieben bis zehn Millimeter und legt ihre Eier bevorzugt direkt an Lauchpflanzen oder Zwiebeln ab, aus denen schädliche, weiße Maden schlüpfen, welche sich an den Pflanzenwurzeln und teilweise an den kompletten Zwiebelgewächsen zu schaffen machen

53 War früher Hauptbestandteil von Mottenkugeln, wird aber heute wegen seines unangenehmen Geruchs oft durch andere Substanzen ersetzt

54 Athener Komödiendichter, geboren in Thourioi um 372 v.C., starb mit hundert Jahren

55 Dichter der neuen attischen Komödie, der häufig zusammen mit Menander und Philemon aufgeführt wird, die als die drei größten Dichter der Neuen Komödie gelten, aber im Internet leider keine Quelle für das Zitat hinterlassen haben.

56 Abū Abdallāh Muhammad an-Nafzāwī (im Deutschen auch Scheikh Nefzawi), dessen Nisba (Namenskennzeichnung) auf seine Herkunft aus der südtunesischen Stadt Nafzāwā hinweist, schrieb »Der parfümierte Garten« (auch »Der duftende Garten«), ein arabisches Ehehandbuch aus dem frühen 15. Jh., das aufgrund seiner erotischen Geschichten und freizügigen Behandlung menschlicher Sexualität schon im 19. Jh. auf großes Interesse in Europa stieß.

57 Leichtflüssig, ölig oder wachsartig, brennbar, geruch- und geschmacklos, ungiftig und elektrisch isolierend, wasserabstoßend und wird u.a. im Pflanzenschutz genutzt, wobei Larven durch den Paraffinfilm erstickt werden

58 Weil nichts im Netz zu finden ist, behaupten wir, das sei vom Autor erfunden.

59 Proculus (-281) war ein römischer Usurpator, der sich im Jahr 280/81 möglicherweise zusammen mit Bonosus gegen Kaiser Probus erhoben hat und für wenige Wochen regierte, und das mit den hundert Frauen kann glatt römische Übertreibung sein.

60 Lateinisch für Erbse

61 Auch bekannt als »Libro de los cantares«, ist das einzige bekannte Werk des mysteriösen Autors namens Juan Ruiz de Cisneros (1283-1350), und anders als sonst zu der Zeit üblich, handelt dieses Buch von der profanen und nicht von der spirituellen Liebe zu Gott.

62 Gott der griechischen und römischen Mythologie, ein bärtiger Mann mit riesigem Phallus, Symbol für Sexualtrieb, männliche Zeugungskraft und Fruchtbarkeit der Natur

63 Heliodoros aus Emesa war zwar ein spätantiker griechischer Autor, aber eine Quelle für das Zitat hat er trotzdem nicht hinterlassen.

64 Und auch das Buch und der Autor sind vermutlich erfunden.

65 John Gerard (1545-1612) war ein englischer Chirurg und Botaniker.

66 Basiert vermutlich auf Shakespeares »Troilus und Cressida« und handelt von der Liebe des Troilus, des Sohnes von König Priamos, zu Cressida, der Tochter des Priesters Kalchas.

67 Besser bekannt als »Popeye«, eine Comic- und Zeichentrickfigur des amerikanischen Zeichners Elzie Crisler Segar; ein Spinat vertilgender Matrose, der von dem Gemüse Superkräfte und große Muskeln bekommt

68 »The History of Pendennis: His Fortunes and Misfortunes, His Friends and His Greatest Enemy«, Roman von William Makepeace Thackeray, der im England des 19. Jh. spielt

69 Endlich mal keine Erfindung des Autors, denn Vigor Eleutherococcus ist tatsächlich ein Arzneimittel auf pflanzlicher Basis, das einen Trockenextrakt aus Taigawurzel enthält und traditionsgemäß als Tonikum zur Stärkung und Kräftigung bei Müdigkeits- und Schwächegefühl verwendet wird.

70 Dies hingegen existiert nicht mehr oder existierte nie.
71 Inhalation zur Stimulation der Hirnrinde
72 Zur Behandlung von Impotenz
73 Existiert evtl. nicht mehr oder existierte nie, deshalb die Fußnote.
74 Substrat für Aussaaten, zur Vermehrung von Stecklingen und zum Pikieren verschiedener Pflanzenarten
75 Wer's kennt, melde sich bitte!
76 Herr Kelpfefer! Bitte bei Bärmeier & Nikel melden!
77 Ben Jonson (1572-1637), war ein englischer Bühnenautor und Dichter und kein kanadischer Leichtathlet, der gedopt hat.
78 Edmond Malone (1741-1812), irischer Literaturwissenschaftler und Autor, der sich vor allem mit Leben und Werk von William Shakespeare befasste
79 Christian Matthias Theodor Mommsen (1817-1903), deutscher Historiker, der für seine Werke zur römischen Geschichte 1902 den Nobelpreis für Literatur bekam, was aber nicht zwingend bedeuten muss, dass er die erwähnte Aussage je getroffen hat.
80 Ein nur in Teilen erhaltener satirischer Roman von Titus Petronius Arbiter (um 14-66 n.C) in lateinischer Sprache, der zur Zeit Neros erschien
81 Fabel mit etwa 1027 Verszeilen von Seneca dem Jüngeren, die allgemein als das stärkste seiner früheren Stücke gilt, wobei wir von den restlichen keinen blassen Schimmer haben.
82 Romanzyklus von François Rabelais, dessen fünf Bände 1532, 1534, 1545, 1552 und 1564 mit weitgehend identischem Personalinventar erschienen
83 Eigentlich Pedanios Dioskurides, ein aus Anazarbos bei Tarsos in der römischen Provinz Kilikien stammender griechischer Arzt im Römischen Reich, der mit seinem Werk über Arzneistoffe als Pionier der Pharmakologie gilt
84 Gedünstete Taube
85 Aus Shakespeares »Sommernachtstraum«
86 Lateinisch für »unanständig«
87 Vermutlich zwischen 200 und 300 n.C. von Vatsyayana Mallanaga verfasst, über dessen Leben nicht nur uns keine weiteren Kenntnisse vorliegen; beeindruckt vor allem durch Beschreibungen von Positionen beim Sex, lehrt jedoch in vielen Differenzierungen den Umgang von Männern mit Frauen und umgekehrt von der ersten Annäherung bis zum Ende einer Beziehung
88 Weinfaß
89 Lateinisch für »in sexueller Hinsicht«
90 Dem Areios von Tarsos gewidmete »Materia Medica des Dioskurides« umfasst ca. 1000 Arzneimittel (813 pflanzlichen, 101 tierischen und 102 mineralischen Ursprungs) und bietet 4740 medizinische Anwendungen.
91 Dem griechischen Dichter Homer zugeschriebenes Epos, gehört zu den ältesten und einflussreichsten Dichtungen der abendländischen Literatur
92 Albertus Magnus oder Albert von Lauingen, Albert von Köln, Doctor Universalis (auch Albertus Theutonicus, Albertus Coloniensis; Albert der Große, Albert der Deutsche; 1200-1280), Gelehrter und Bischof, dem die erste ausführliche Darstellung der mitteleuropäischen Flora und Fauna gelang
93 Pulver aus Käfern, das unter anderem als Potenzmittel genutzt wird

94 Henri Marie Raymond de Toulouse-Lautrec-Monfa wandte sich dem Alkohol zu, was 1898 zum ersten Mal zum Delirium tremens führte. 1899 wurde er von seiner Mutter zu einer dreimonatigen Entziehungskur in die Heilanstalt Neuilly eingewiesen. Er starb mit nur 36 Jahren. Das geschah mit Toulouse-Lautrec.

95 Keine der drei Obstsorten gefunden, aber sie klingen toll.

96 Zauberbuch mit magischem Wissen, Blütezeit zwischen Spätmittelalter und 18. Jh.

97 Lucius Licinius Lucullus (117 v.C.-56 v.C.), ein römischer Senator und Feldherr, der für seinen Reichtum und seine grandiosen Gastmahle bekannt wurde

98 Bekannt als »köstlicher Bissen der Katharina von Medici« und schon im 2. Jh. n.C. in Rom ein teures Gemüse

99 Feinkörniges Gemenge, das aus den pastösen Exkrementen von Seevögeln wie Pinguinen oder Kormoranen durch Einwirkung auf Kalkstein entsteht

100 Vorherrschende ethnische Gruppe in Sri Lanka

101 Hier irrt der Autor: »Blume des Zeus« steht für Gewürznelke.

102 Auch »The Pot of Basil«, erzählendes Gedicht von John Keats (1795-1821), einer Geschichte in Boccaccios »Decameron« nachempfunden

103 Wir sind ratlos, worum es sich handeln soll .

104 Titus Maccius Plautus (254 v.C.-184 v.C.), einer der ersten und produktivsten Komödiendichter im alten Rom.

105 »Die Ratwissende«, Frauengestalt der griechischen Mythologie, deren Sage seit der Antike zu den bekanntesten Stoffen der Weltliteratur gehört

106 Jean Anthelme Brillat-Savarin (1755-1826), ein französischer Schriftsteller und einer der bedeutendsten Gastrosophen

107 Herr Kelpfefer!!! Bitte bei Bärmeier & Nikel melden!!!

108 Zacutus Lusitanus, auch Abraham Zacuth (1575-1642), ein portugiesisch-holländischer Arzt und Medizinhistoriker

109 Auch hier scheint der Autor zu irren, denn als »Blume der Venus« gelten Frauenschuh, u.v.a.

110 »Lavendel, Minze, Salbei, Majoran, // die Ringelblum', die mit der Sonn' entschläft // und weinend mit ihr aufsteht: Das sind Blumen // aus Sommers Mitte, die man geben muß // den Männern mittlern Alters.«, aus: William Shakespeare, Das Wintermärchen IV, 3. (Perdita)

111 Auch: Mykene, Mykenai, veraltet Mycenä oder dichterisch Myzen, in vorklassischer Zeit eine der bedeutendsten Städte Griechenlands, nach der die mykenische Kultur benannt wurde

112 Steinsame: blau blühender Zwergstrauch, der früher auch als Heilpflanze gegen Blasen- und Nierenleiden eingesetzt wurde

113 Niedere Scheinbeere: immergrüner Zwergstrauch und gut zur Behandlung von Rückenschmerzen, Rheuma, Fieber und Kopfschmerzen

114 Schlafmohn: zählt zu den ältesten Heilpflanzen, mit den Bestandteilen Morphium und andere Alkaloide

115 Pflanzengattung, die zur Familie der Wegerichgewächse gezählt wird und im Volksmund »Gewitterblümchen« heißt, da man glaubte, dass sie entweder in gewitterreichen Jahren vermehrt blühen oder ihr Abpflücken Regen oder Gewitter hervorrufen

116 Eisenkraut: hat in der Pflanzenheilkunde eine lange Tradition, die bis ins Altertum zurückreicht, insbesondere genutzt für seine harntreibende, Gallenfluss anregende und antirheumatische Wirkung

117 Dost: Pflanzengattung in der Familie der Lippenblütler, zu der Oregano und Majoran gehören
118 Aus Shakespeares »Sommernachtstraum«
119 Römischer Kaiser, Philosoph (121-180)
120 Charles John Huffam Dickens, (1812-1870), ein englischer Schriftsteller mit einem unfassbar großen Appetit, den nur seine Frau stillen konnte
121 Auch: Asant, getrocknetes Gummiharz aus Wurzeln verschiedener Arten der Doldenblütler Gattung »Gerula«, vor allem in der vegetarischen Küche Indiens verwendet
122 Alexandre Dumas (1802-1870), französischer Schriftsteller, der heute vor allem durch seine zu Klassikern gewordenen historischen Romane »Die drei Musketiere« und »Der Graf von Monte Christo« bekannt ist und dessen »Le Grand dictionnaire de cuisine« posthum erschien
123 Gustave Flaubert (1821-1880), ein französischer Schriftsteller, dessen erstes gedrucktes Werk »Madame Bovary« 1856 ihm sogleich einen Prozess wegen Verstoßes gegen die guten Sitten einbrachte
124 Keine Ahnung, was das für Trüffel sind.
125 Émile Édouard Charles Antoine Zola (1840-1902), ein französischer Schriftsteller, Maler und Journalist, der als Leitfigur und Begründer der gesamteuropäischen literarischen Strömung des Naturalismus gilt
126 Anton Pawlowitsch Tschechow (1860-1904), ein russischer Schriftsteller, Novellist und Dramatiker, der ehrenamtlich als Mediziner arbeitete.
127 Provenzalisches Schmorfleisch
128 Frz. für Festessen, passend dazu Kräutersträußchen mit Kräutermischung, genannt »Bouquet Aromatique«
129 Aus der Marseille-Trilogie von Marcel Pagnol (1895-1974), in der er als Theater-, Roman-, Drehbuchautor und Regisseur authentisch die kleinen Leute seiner Heimatstadt Marseille und der Provence beschrieb
130 Erste Zeitschrift im deutschsprachigen Raum, die sich mit Warentests und Verbraucherschutz befasste und erstmals 1961 in Stuttgart als inhaltlicher Vorläufer der Zeitschrift »test« der Stiftung Warentest erschien
131 Haushuhnrasse, die seit langer Zeit in der Steiermark gezüchtet wird und den Halter gleichermaßen mit Eiern wie mit Fleisch versorgt
132 Stutzen der Flügel um das (Weg-)Fliegen zu verhindern
133 Entstehen bei der Befruchtung der Eizelle und bilden die Hagelschnüre, durch die der Dotter im schwebenden Zustand gehalten wird
134 Heute verworfene Theorie der Vererbungslehre
135 Katharina von Bora (1499-1552), eine sächsische Adelige und Zisterzienserin, die mit 26 Jahren Martin Luther heiratete
136 Königinsuppe
137 Alexandre Balthazar Laurent Grimod de la Reynière (1758-1837), ein französischer Jurist, Gastrosoph und Literat, der als »Gourmand der ersten Stunde und Begründer der Gastronomiekritik« gilt
138 »Honi soit qui mal y pense«, frz. für »Beschämt sei, wer schlecht darüber denkt« ist die Devise des englischen Hosenbandordens
139 Vol-au-vent sind hohe, runde, mit Salpicón (Zubereitung aus einer oder mehreren kleingeschnittenen, mit einer Soße gebundenen Zutaten) gefüllte Pasteten aus Blätterteig.

140 Im Grunde genommen ist die Matelote nichts anderes als eine Velouté, also eine sahnige weiße Grundsauce auf Basis eines Fonds.
141 Likörwein
142 Wir konnten nicht rausfinden, was »Fänge« sind beim Huhn – Rückmeldung von Hühnerzüchtern erwünscht.
143 Keine Übersetzung gefunden, aber es wird schon schmecken.
144 Mit diesem nicht auffindbaren Buch wird sich Jane Austen wohl ins väterliche Pfarrhaus von Steventon zurückgezogen und ihre ersten drei Romane »Sense and Sensibility«, »Pride and Prejudice« und »Northanger Abbey« entworfen haben.
145 Feine Konditoreiessenz zur Herstellung und geschmacklichen Verstärkung von Back- und Konditoreiwaren, feinen Cremes, Desserts, Pralinen, Speiseeis, Torten, Puddings, Süßspeisen
146 Auch als Europäischer Wildapfel oder Krabapfel bezeichnet
147 Auch als Gemeine Uferschnecke, oder Strandschnecke bezeichnet
148 Auch als Venusnabel oder Nabelblatt bezeichnete Pflanzengattung innerhalb der Familie der Dickblattgewächse
149 Tropisches Binsengewächs aus Ostindien
150 Kohlrübe, Steckrübe
151 Formenreiche Pflanzenart aus der Familie der Korbblütler, die in allen Teilen essbar ist
152 Auch als Kleiner Wiesenknopf, Bibernell oder Pimpernell bezeichnetes Rosengewächs, von dem man vor allem die Triebspitzen gegarten Gerichten zum Schluss roh hinzugeben kann
153 »Die Metamorphosen des Apuleius« sind besser bekannt unter dem Titel »Der Goldene Esel«, gehören zu den bedeutenden Werken der Weltliteratur.
154 Sammlung von 100 Novellen (1348-1353, dt. um 1473) über sieben junge Damen und drei junge Herren aus Florenz, die vor der Pest geflohen sind und sich teils ernste, besinnliche und lehrhafte, teils frivole, erotische Geschichten erzählen
155 Italienisch für »ein bißchen Liebe«.
156 Rasante Komödie von 1610 über die Macht leerer Versprechungen und den unbedingten Glauben an teure Wunder
157 Nebenfrau, Konkubine
158 Fischart, lebt in Schwärmen in flachen Küstengewässern mit viel Algenwuchs
159 Romantisches Erzählgedicht von 1820 aus 42 Strophen, das im Mittelalter spielt
160 Wörtlich: »Venus des schönen Gesäßes«, eine antike römische Marmorstatue
161 Römische Göttin des Ackerbaus und der Fruchtbarkeit